# Joannis À Someren Jc Ultraiectini Tractatus De Repraesentatione

## Joannes van Someren

# LECTORI S.

Lerique Populi in successionibus non aliorum tradita
aut Mores, sed proprias secuti sunt Consuetudines; Romanæ
Legis authoritate Repræsentationem
pauci agnoscunt, plurimi ex Constitutionibus & Principum Edictis. Regias de hoc Jure leges observat Hi-
spania; pleræque Galliarum Consuetudines de eo mentionem faciunt; Caroli Quinti Edictum habet
Germania, & omne ferè Belgium
scriptâ lege idem sancivit. Serius a-
pud nos & in vicinis Regionibus obtinuit vicaria successio, quibus antea
etiam in descendentibus incognita
fuit. In Fœderatis Provinciis Gelri,
Trajectini, Frisii, Transysulani, Gro-

ningani,

ningani, Omlandi in fratrum filiis repræsentationem terminavére. Ex Scabinico successionis jure in infinitùm apud Hollandos Meridionales admissa fuit , sed posterioribus Constitutionibus ad fratrum nepotes & patruorum filios coarctatur ; Quod & apud Boreales ibidem populos receptum est, quorum Moribus olim ex Jure Azingico nullus repræsentationi erat locus ; Apud Zelandos etiamnum hodiè in utráque lineâ fines non habet ; Quod cum plurimis Flandriæ Brabantiæque Civitatibus convenit, nisi quod nonnullæ retentâ antiquæ successionis formâ subingressionem ab hæreditatibus omnino arcent. Ab intestato per se locum habet ; in testamentis, fideicommissis non nisi ex testatoris voluntate seu tacitâ seu

ex-

exprefsâ ; in Regno, feudis, emphy-
teufi , quatenus cujufque Gentis
Confuetudo aut partium confenfus
eandem admifit. Apud alios in individuis patrui exclufionem operatur; Noftratibus autem non nifi in
univerfali fuccefsione, & quidem ad
concurfum folummodo prodeft. Ita
propter diffonas hæreditatum leges
pro more cujufque Populi dirimen-
da controverfia eft. Quæ de Repræfentatione in Majoratibus &Pri-
mogenituris Hifpani commentati
funt, quæ exclufis Statuto Fœminis
de fubingrefsione Itali fcripfére, Blafius Robles fufius pertractavit ; Ad
eorum autem Conftitutiones hæc
præcipuè fpectant; Noftræ Confuetudines majorem cum Gallorum
Placitis confenfum habent. Quod
fi dubium circa hæreditatum dela-

tiones

## PRÆFATIO.

tiones in Statuto nostro oritur , ex Romanis Legibus decidenda quæstio est , uti Carolus Imperator in Ordinationis Ultrajectinæ Epilogo statuit; Ordines etiam in Edicto de Repræsentatione Juri Cæsareo sese inhærere declarant. Concesso mihi nuperrimè otio, ad trutinam Patriæ Legis hanc materiam expendi , adjunctis iis , quæ ex vicinis Moribus huc tendunt; VALE.

*Dabam Trajecti ad Rhenum*
*1. Martii* 1676.

ELEN.

# ELENCHUS CAPITUM.

A                    Caput

TRACTA-

**( I )**

# TRACTATUS
## DE
# Repræsentatione.

## CAPUT I.

### De Repræsentatione in lineâ rectâ.

I. Ajoribus noſtris incognita fuit repræſentatio; Si liberi non eſſent, fratres,
patrui, avunculi proximum in ſucceſſione gradum obtinebant, Tacitus
*de morib. Germanor.* Idem legibus Wiſigotho-
rum cautum fuit, *libr. 4. tit. 2. leg. 2.* uti Frederieus
Lindebrogius edidit. Antiquiſſimum hôc jus ex

A 5                                        Mat-

Marculphi formulis patet;locum notat Cujacius *ad Novell.* 118. In Germaniâ apud plerofque populos repræfentatio obfervata non fuit, & fero nepotes cum filiis admiffi, Grotius *de jur. bell. & pac. libr.* 2. *cap.* 7. *num.* 30. Sub Otthone Primo in Imperio initium habuit,fed rurfum obliterata fequentibus fæculis ; donec anno 1500. Maximilianus Primus , contrariâ confuetudine abrogata, in defcendentibus vicariæ fucceffionis jura ad forum reduxerit, Heigius *part.* 1. *quæſt.* 8. *num.* 30. *& 31.* Mevius *ad Jus Lubec. part.* 2. *tit.* 2. *art.* 1. *num.* 30. *& 33.* Nepotes apud Gallos ab avita hæreditate per patruos conftanter fubmotos, nifi ab avo aviave exprefsè ad fucceffionem vocati forent,ex Codice Antiquitatum Lutetiani fori edifferit Choppinus *de Morib. Parif. libr.* 2. *tit.* 5. *num.* 2. Omnes ferè populi trans Sequanam verfus Belgium & Aquilonem in eo fuêre pares , notante Molinæo *ad Conf. Bononienf. art.* 76. Varias in hoc Confuetudines collegerunt Trorçonius & Guerinus *ad Confuet. Parif. art.* 319. In hac etiam Diœcefi & vicinis regionibus olim cum avunculis Nepotes ad avorum bona non fuêre admiffi, donec ex Edictis & Principum Conftitutionibus , mutatâ lege patriâ,repræfentatio locum ceperit , *Statut. Ultrajet. Rubr.* 23. *art.* 24. Grotius *in manudut. libr.* 2. *part.* 28. *verf. de grond.* Sandius *de feud. trat.* 1. *tit.* 3. *cap.* 1. §. 1. *num.* 11. *& 12.* Goris *tratat.* 2. *cap.* 1. *num.* 1.

II. Antiqui juris ea traditur ratio,ne invito avo fuus agnofcatur hæres, qui ex matrimonio abfque
con-

confensu parentum forfan inito prodiret; Soliti
itaque fuêre Franci *veteres* & Belgæ tabulis nuptialibus nepotes ex filio nascituros sibi hæredes
scribere, Molinæus *d. art.* 76. Choppinus *d. tit. 5.*
*num. 2.* Charondas, Tronçonius , Guerinus *ad*
*Consuet. Parif. artic* 319. Mornacius *ad l. 2. ff. de*
*Rit. nuptiar. in med.* Christinæus *ad Leg. Mechlin.*
*tit. 16. artic. 1. num. 8. & seqq.* Præter hanc autem
rationem graduum proximitatem præcipuum
fuisse successionis fundamentum in veterum sim-
plicitate existimaverim; Ex antiquo apud nostra-
tes paræmia est, *'t naeste bloedt-erft het goedt.* Et
non malè ita conjicias ex allegato Taciti loco ;
uti etiam de Gallis quoad repræsentationem ex-
presfè notat Brodæus *ad Loxet. lit. R. cap. 9. verf.*
*se druest estott fondé.*

III. Jure civili repræsentatio inter descendentes in infinitum procedit ; vetuit Imperator in
hoc ordine gradum quæri , §. 15. *Institut. de hære-*
*dit. quæ ab intestat. defer. Novell.* 118. *cap. 1.* De
pronepotibus , non abnepotibus expressa in lege
fit mentio §. 7. §. 16. *Institut. de hæredit. quæ ab*
*intest. defer. l.* 17. *C. de Collation.* Verum de iis,
quæ ut plurimum fiunt, leges loqui solent; rarius
abnepotem avus vidit; idem tamen illi jus competeret, Mainardus *libr. 6. decif 95.* Grivellus *de-*
*cif.* 130. *num. 8.* Sesse *decif.* 62. Robles *de Repræsen-*
*tat. libr.* 2. *cap.* 18. Mean *ad Jus Leodienf. ob-*
*ferv.* 100.

IV. Plerifque etiam Galliæ & Belgii Moribus
hæc recepta sunt; quibus tamen non ex jure civili

Ro-

Romanorum , sed potius ex lege patriâ repræsentatio placuit ; Nonnullæ Consuetudines ex-
pressis verbis in infinitum eam extendunt, tollen-
di dubii causâ. Statutum quidem Ultrajectinum
de nepotibus solummodo loquitur ; sed eorum
nomine pronepotes quoque comprehendi benignâ interpretatione Curia censuit,& repræsentationis jure tam ad proavi quam proaviæ hæreditatem eosdem ab intestato admisit , *ult. Julii*
*1594.* & iterum *ult. Julii* 1600. Eodem modo
Statutum Lubecense, quod nepotes duntaxat ad
successionem vocat, in infinitum extendit Mevius
*ibid. part. 2. tit. 2. art. 1. num. 36. & seqq.*

V.   Repræsentatio quidem jure Romano hîc
nulla dici posset , cum nepos ex proprio capite
avo hæres existat, §. 1. *Institut. de hæred. qualit.* &
*differ.* §. 3. *Instit. de exhæredat. liber. l. 2. C. de Li-*
*ber. præterit.* Bessianus *ad Consuet. Arvern. cap.*
12. *articul* 9. *num.* 6. Castillo *Controvers. lib.* 3.
*cap.* 19. *num.* 162. & 163. Argentræus *ad Consuet.*
*Britann. artic.* 567. *num.* 6. & *seqq.* Unde etiam
DD. statuunt gradum potius quam patris personam à nepote repræsentari, Faber *in C. S. libr. 2. tit.*
3. *def.* 1. *num.* 4. & *def.* 14. *num.* 28. Valascus
*consultat.* 122. *nu.* 7. & *seqq.* Gamma *decis.* 385.
*num.* 2. Cabedo *part.* 1. *decis* 100. *num.* 13. *in fin.*
Cancerius *var. resolut. part.* 1. *cap.* 5. *num.* 10.
Robles *de Representat. libr.* 1. *cap.* 11. Quamvis
veri etiam repræsentationis effectus inde pro-
fluant, ut scilicet in parentis locum ingrediatur,
&in stirpes cum reliquis hæreditatem dividat; in

hisce

hisce autem regionibus nepotes ex speciali privilegio & Principum Constitutionibus per repræsentationem succedunt, cum antea jure suo & ex proprio capite venientes per thios, tanquam proximiores ab avitâ hæreditate fuerint seclusi.

VI. Non tantum autem legitimus, sed naturalis quoque & spurius nepos avo aviæque maternis per repræsentationem hæres est, *Zans de divis boner. libr 4. cap 6. num. 53.* Acacius *de Privileg. parent. & liber. privileg. 14. part. 1. cap. 3. num. 37.* Non ideo minus ad aviæ maternæ bona ab intestato nepotes admittuntur, quod vulgo quæsiti proponuntur, inquit Modestinus *in l. 8. ff. Unde Cognati.* Eos cum legitimis liberis per repræsentationem ab intestato aviæ maternæ hæredes Curia agnovit, Radelant *deciss. 58.* Licet enim jure civili deficiant, sanguinis tamen ratio eos vocat, *l. 2. l. 4. ff Unde Cognati.* Forsterus *de succeff. ab intestat. libr. 6. cap. 48.* Christinæus *ad Leg. Mechlin. tit. 18 art. 3. nu. 3.* Robles *de Repræsentat. libr. 2. cap 12. & 13.*

VII. Nepotes ubi avo succedunt, non in capita, sed per stirpes hæreditatem dividunt, tantumque capiunt, quantum habuisset ipsorum parens, etiamsi soli sine thiis vel in dispari etiam gradu inter se hæredes existant, *§. 7. §. 17. Institut. de hæredit. quæ ab intestat. defer. l. 2. C. de suis & legitim. hæred. Novell. 18. cap. 1.* Castillo *libr. 3. controv. cap. 19. num. 61.* Robles *d. libr. 2. cap 19.*

Idque

Idque Moribus ubique ferè receptum eſt, & ſta-
tutis inſertum exſtat.

VIII. Antiquitus apud nos in capita , uti proximi avo ab inteſtato nepotes ſucceſsêre, nondum
repræſentatione aut hæreditatis in ſtirpes diviſione ad forum perductâ , idque nòn obſcurè ex
lege Civicâ patet, *Rubr. 23. articul. 27.* Conven-
tionalis ex pactis dotalibus ſucceſſio , quæ olim
ad avitam hæreditatem apud Gallos Belgasque
nepotibus proderat , eos in capita ſolos admiſit,
uti tradit Choppinus *de Morib. Pariſ. libr. 2. tit.*
*5. num. 3.* Sed moribus noſtris hæc immutata
ſunt , poſtquam repræſentationem in infinitum
benignâ interpretatione Conſuetudo produxe-
rit; quamvis nonnulli in gradu inæquali repræſentationem ſolummodo introductam autument,
reliqua vetuſtæ conſuetudini relicta eſſe.

IX. Cum itaque in ſtirpes ſeu per repræſentationem avo ſuccedant, in computandâ ipſorum
legitimâ parentum ſeu filiorum perſonæ conſi-
derandæ ſunt, non numerus nepotum ; è conver-
ſo autem ſi ex uno tantum filio nepotes ſoli exi-
ſtant , pro numero capitum aut triens aut ſemis
legitima eſt, quia jam abſque paterni gradus oc-
cupatione ſuo jure hæredes ſunt , Franciſc. Ste-
phanus *deciſ. Aquenſ 2.* Farinaceus *part. 2. deciſ.*
*543.* Peregrinus *de fideicomm. art. 36. num 39.*
Beuſtius *ad l 1. ff de jurejur. num. 159.* Merlinus *de*
*Legitim. libr. 1. tit. 4 quæſt. 2.*

X. In caſu vero *Leg. hâc edictali C. de ſec. nupt.*
nepotes ex filio unico non in capita , ſed omnes
parent

parentis loco pro uno censentur ; non enim de legitimâ sed filiali ibidem portione agitur ; erronea itaque Bertrandi opinio est, qui ad exemplum computandæ legitimæ etiam hîc nepotes per capita considerandos docet, *ad d. leg hâc editali. vers. quam observationem num. 4.*

# CAPUT I.

## SECTIO I.

XI. *Quid si pro se & haredibus suis ita decla-*
*ret.*

XII. *An si filius praeteritioni consenserit, nepotes*
*venire possint.*

I. EXhaeredato filio nihilominus ad avitam haereditatem cum thiis venit nepos, si modo pater ante avum de-
cesserit, *l. 9. §. 2. ff. de Liber. & Posthum. l. 6 ff.*
*de Injust. rupt. l. 2. C. de Liberi praeter.* Gomezius
*var. resol. tom. 1. cap. 11. num. 21.* Ranchinus *de*
*Succeß. ab intest. §. 3. num. 8.* Barry *de Succeß.*
*libr. 18. tit. 1. num. 4.* Sandius *libr. 4. tit. 9.*
*def. 7.*

II. Nepos itaque ex filio exhaeredato post
avi mortem conceptus per repraesentationem
non succedit; Marcellus scripsit eum, neque ut
suum, neque ut nepotem aut cognatum ad haereditatem aut bonorum possessionem admitti
posse, quod Ulpianus probat *in l 6. §. 1. ff. de injust.*
*rupt. l. 6. & 7. ff. de suis & legit. hared. §. 9. Inst.*
*de hared. qua ab intest. defer.*

III. Titius nuptias invito patre contrahit;
relictis liberis exhaeredatus moritur, obstabitne
exhaeredatio nepotibus? Curia Parisiensis ad
avitam haereditatem una cum patruis eos admisit, Papon. *lib. 20. tit. 1. arrest. 6.* Neque ex hoc
capite ab avo eosdem defuncto patre exhaere-
dari posse eadem Curia, uti & Tholosana censuit, Anaeus Robertus *rer. judicat. libr. 2. cap. 9.*
Peleus *quaest. illustr. 39.* Mainardus *lib. 8. decis. 73.*
Chenu

Chenu *quæst.* 38. Mornacius *ad l.* 11 *ff. de Statu hominis.* Autumnus *en sa conference ad* 43. §. 5. *ff. de bonor. possess. contr. tabul.* Tronconius & Guerinus *ad Consf. Paris. art.* 299. Christinæus *vol.* 1. *decis.* 325. *n.* 21. Propter vitium patris nepotes avi elogio, hæreditate non rectè privari judicatum quoque refert Charondas *ad Consf. Paris. art.* 319. Godefroy *ad Consf. Normann. art.* 270. *circa fin.* Varia arresta collegit Mornacius *ad l.* 33. §. 1. *C. de Inoffic. Test.* Idem post alios docet Costa *de facti scient. & ignorant. distinct.* 45. *n.* 16.

IV. Quod si filius ignominiosam uxorem vel meretricem duxerit, nepotem ex tam turpi matrimonio rectè ab avo exhæredari, eleganter tractat D. Espeisses *tom.* 1. *part.* 1. *tit.* 1. *sect.* 4. *punct.* 41. Idem censent Cujacius *lib.* 3. *observat. cap.* 5. & Surdus *de aliment. tit.* 1. *quæst.* 38. *num.* 37. Justa non tantum adversus filium, sed & nepotem hîc odii causa est, ne ex infami & abjecta fœmina suscitata proles hæreditati cum ignominia inseratur; vilitas & parentium turpitudo etiam ad posteros descendit; nepos ex nuru ignominiosa natus, si ab avo, qui jure suo uti potuit, exhæredatus querelam moveat, non minus, inquit Ulpianus, is qui de inofficioso cogniturus est, merita nepotis, quam patris ejus delicta perpendet, *l.* 3. §. 5. *ff. de bonor. possess. contr. tabul.* Centumvirale Judicium hoc casu ex circumstantiis causæ æquitatem pensitabat, Siccama *de judic. centumvir. lib.* 2. *cap.* 7. *in med.* Verum

B ex

ex matrimonio cum meretrice vel vili perſonâ
contracto juſti etiam & legitimi naſcuntur liberi, quibus jura naturalia, uti reliquis competunt,
adeo ut ſola nativitatis ratio eoſdem non ſeclu-
dat ; uti ex allegato quoque Juriſconſulti reſponſo palam eſt , ubi merita ſeu facta nepotis
conſiderantur, non origo duntaxat perpenditur;
quamvis alii ex Pauli & Ulpiani ſententiâ nepotem ex ignominioſâ nuru olim cum effectu ab
avo exhæredari potuiſſe ſentiant, ſed poſteriori-
bus Conſtitutionibus id immutatum eſſe; Legis
veteris iniquitatem tollentes, quam Julius Paulus in ſuis ſcripſit quæſtionibus, ut filius odio parentis, ex quo progenitus eſt, exhæredetur, penitus delendum eſſe ſancimus , ita Juſtinianus
conſtituit *in l.33.§. 1 C. de Inoff. teſtam.*  Urſinus
*de ſucceſſ. feudor. part. 1. quæſt. 6. artic. 3.*

V. Nepos à patre ſuo exhæredatus avo nihilominus ſuccedit, patre enim de medio ſublato,
neque perſona neque elogium ipſi obſtat &
proximus fit avo per ſe hæres; paterna ſucceſſio
cum avitâ nihil commune habet ; ad avitorum
libertorum bona patris exhæredatio filio non
nocet, ex Juliani reſponſo, *l. 10. §. 1. ff. de bon.
libert.* Imo ſi vel patri juſta exhæredationi cauſâ
fuerit, eam avus quoad ſe remiſiſſe præſumitur,
dum ab inteſtato decedens aut aliter exhæredationem non confirmat, *l. 1.§. 10. ff de ſuis & legitim. hæred.* Delommeau *ad Conſ. Andegav.
art. 271. in fin.* Barry *de ſucceſſ. libr. 18. tit. 1.
num. 4.*

VI. Quam

VI. Quamvis etiam patris hæres esse nolit, avo tamen succedit; ex juris dispositione locum & gradum patris occupat, personâ ejus subdu-ctâ; utriusque separata hæreditas est, acceptari una, repudiari altera potest, DD. *ad l. 3. C. Unde liberi.*

VII. Deportato filio aut servo pœnæ declara-to, non minus quam mortuo nepos primum gradum occupat, *l. 1. §. 8. ff. de bonor. possess. contr tabul. l. 29. §. 5. ff de Liber. & posthum.* Si quâ pœnâ pater fuerit affectus, ut vel civitatem amittat, vel servus pœnæ efficiatur, sine dubio nepos ejus loco succedit, *l. 7. ff. de his qui sunt sui vel alien. jur. l. 4. §. 2. ff. de bon. libert.* Ju-dicatum refert Delommeau *ad Cons. Andegav. artic. 249. in med.* Moribus nostris pœnæ servi-tus cum deportatione in desuetudinem abiit, & successionis jura retinent condemnati; nepotes ex filio capitis damnato olim apud Normannos patruus secludebat; sed postea usus per repræ-sentationem eosdem unà hæredes fecit, ita so-lemni arresto declaratum fuit, Chenu *quæst. 40.* Berault & Godefroy *ad Consuet. Normann. ar-tic. 277.*

VIII. Repudiatâ hæreditate repræsentatio non admittitur, quia patris obstat persona, *l. 1. §. 4. ff. de Suis & legitim. hæred. l. 6. C. de Legitim. hæredib.* Refert quidem arrestum Josias Be-rault *ad Consuet. Normann. artic. 243. circa fin:* quo nepos matre repudiante cum matertera avo successor declaratus fuit; sed rectius Curia Pari-siensis

siensis nepotem ab avi hæreditate , quam pater
repudiaverat, rejecit addicta soli patruo successione, Mornacius ad l. 7. ff. de his qui sunt sui vel
alien. jur. Tronçonius ad Conf. Parif. artic. 319.
Coquille ad Conf. Nivern. tit. des successions
artic. 11. Autumnus en sa conference ad l. 6. C. de
repud. vel abstinend. hæred. Corbin arrest 64. Buridan ad Conf. Veromand. art 74.

IX. Quamvis autem vivo patre ad avitam
hæreditatem per repræsentationem nepotes venire nequeant adversus Patruum ; communiter
tamen existimatum fuit ex Edicto successorio
eosdem admittendos esse, si cum reliquis hæredibus ex suo capite in eodem gradu sint constituti , adeo ut vivo patre repudiante adversus
patrueles successionis jure gaudeant , Molinæus
ad Consuet. Cænoman. artic. 241. Louet in arrest.
lit. R. cap. 41. Mornacius & Autumnus in not.
ad d. l. 7. sequuntur Tronçonius & Guerinus
ad Consuet. Parif. artic. 319. Idemque post Vas-
quium & Chenu docet Barry de success. libr. 18.
tit 1. n. 4. in med. Verum equidem novissima
Justiniani Constitutio defunctis demum parentibus nepotem avi hæredem facit, Novell. 118. cap. 1.
& ita pleræque Consuetudines simpliciter loquuntur , de nepotibus post mortem parentum
admittendis, adeo ut hîc quoque patris persona
ipsos, uti in eadem lineâ existentes secludat; Repudiatio etiam negativa de hæreditate dispositio
quodammodo dici potest ; Præallegati DD.
ex solo Prætoris beneficio tuentur nepotis causam,

sam, cum tamen mores rejectis bonorum posses-
sionibus, nullam nisi ex lege successionem agnoscant Prætorii juris auxilium ignorantes, Gipha-
nius, Vinnius, Groenewegen *ad tit. Instit. de honor.*
*possess.*

X. Mater acceptâ dote paternæ hæreditati
renunciat; eâ defunctâ ad avita bona cum avunculis nepotes adspirant, repudiato maternæ successionis jure; eos uti ex infectâ radice prognatos
removeri sæpius judicatum est, Choppinus *de*
*Privileg. Rusticor. libr. 3. part. 2. cap. 7. num. 5.*
Annæus Robertus *rer. judicatar: lib. 2. cap. 5.*
Molinæus *ad Consuet. Bituric. tit. 19. artic. 33.*
Labbæus *ad eund. artic. 33.* Charondas *ad Consuet.*
*Paris. artic. 308. & 319.* Mainardus *libr. 4. decis.*
23. Vestius *arrest. 98.* Chenu *quæst. 26.* Guerinus *ad Consuet. Paris. artic. 308.* Boguet *ad*
*Consuet. Burgund. tit. 3. §. 5. & 6.* ubi cum judicato
adducit speciale in hanc rem sui Principis Edictum; ita quoque recentioribus arrestis conclusum
narrat Montholonius *arrest. 11. & 79.* Contrarium vero post plurimos DD. relatos defendit
Blasius Robles *de repræsentat. libr. 2. cap. 16.* alios
longâ serie collegit & sequitur Harpprechtus
*ad Princip. Inst. de hæredit. quæ ab intestat. defer.*
*num. 142.* Quæ quidem juri convenientior opinio est, etiamsi nepotes matri hæredes extiterint;
quia tacita inest conditio, si vivæ matri delata
fuerit hæreditas, nullum enim jus filiæ competit,
nisi patri supervixerit; suo, non alieno juri re-
nunciasse censeri debet; quamobrem nepotes

B 3 etiam

etiam matris hæredes, sub collationis tamen onere , per repræsentationem hîc admittendi sunt,
ita à Senatu Sebusiano, Cathalaunico, & Braban-
ciæ Curiâ decisum extat, Faber *in C.S. libr. 2. tit. 3*
*def* 14. Fontanella *de pact. antenupt. claus. 9. gl. 1.*
*part. 1. num.* 61. *in fin.* Deckherus *libr. 2. dissertat.*
11. *num.* 41. *vers. prima est.* Fusius idem pro-
sequuntur Kellenbentz *de renunciat. success.*
*quæst.* 33. & D. Wesel *de Connubial. bonor. societ.*
*tract. 2. cap. 6. num.* 139. *& seqq.*

XI   Sih autem non simpliciter, sed pro se &
hæredibus suis expressè mater renunciaverit,
excludendi sunt nepotes si matri velint hæredes
existere, non enim jam conditionalis est renunciatio , sed facti & promissi præstatio , ad quam
hæredes validè obligavit, *l. 14. C. de Rei vindicat.*
Vincentius de Franchis *decis.* 67. Faber *d. def.* 14.
*in med.* Kellenbentz *d. quæst.* 33. *num.* 46. *&*
*seqq.*

XII. Quod de renunciatione diximus,
idem dicendum est si filius præteritioni in testamento paterno consenserit ; nam & hî
subest conditio , si patri supervixerit ; juo
non competenti frustra quis renunciat , adeo
ut nepotibus integrum maneat, patre ante testatorem defuncto , avitas tabulas impug-
nare, decisum refert Carpzovius *part. 3. Const.* 10.
*def.* 4.

CA-

# CAPUT II.

## De Repræsentatione quoad ascendentes.

I. *In lineâ ascendenti nulla repræsentatio est.*

II. *Per modum tamen repræsentationis hæreditas dividitur.*

III. *An bonorum hîc detur distinctio.*

IV. *An fratrum filii cum avo per repræsentationem patruo succedant.*

V. *Quid Moribus obtineat.*

VI. *Nonnulli etiam nepotes ex uno latere cum avo per repræsentationem admittunt.*

VII. *Statutum Ultrajectinum Rubr. 23. art. 26. ulteriores quoque ascendentes complectitur.*

I. Um, à quo non sis genitus, repræsentare vix rationis est, cum nullam ab ipso substantiam habeas; defuncto filio prærogativâ gradus succeditur, nec ulla inter ascendentes repræsentatio est, *Auth. defuncto C. ad Sctum Tertull. Novell.* 118. *cap.*2. Carpzovius *part.3. Constit.*17. *def.* 8. Mevius *ad Jus Lubec. part.2.tit.2.art.1. num.*2. Mater itaque avum paternum, pater avum maternum & sic ulterius ab hæreditate removent, Mainardus *lib.6.decis.25.*

Go-

Gomezius *ad Leg. Taur.6. num.6.* Mean *ad Jus Leodiens observ.* 91.

II. Licet autem repræsentatio inter ascendentes non obtineat, in æquali tamen gradu constituti per genera & repræsentationis modo seu quasi per stirpes veniunt ; Avus & Avia maternai cum avo paterno concurrentes non in tres portiones , sed duos tantum semisses hæreditatem dividunt , quorum una pars avo & aviæ maternis, altera soli avo paterno dabitur, *Novell.118. c.2.* Argentræus *ad Consuet. Britann. artic.561. gl.1. num.1.* Barry *de success. libr.18.tit.2.num.1.* Tuldenus *ad libr. 6 C. de success. ab intest. cap. 5.* Carpzovius *part.3. Constit.17. def.3.*

III. Hæc porro inter ascendentes in stirpes divisio absque ullâ bonorum distinctione facienda est, nec paterna paternis , materna maternis deferenda sunt ; Novissima Justiniani Constitutio eam distinctionem non agnovit ; unicum tantum per confusionem defuncti patrimonium est , ita à Senatu Sebusiano decisum refert Faber *in C. S. libr. 6 tit.31. def.2.* à Parlamento Burdigalensi Autumnus *en sa conference ad Auth. defuncto C. ad SCtum Tertull. vers. sæpe controversum est.* à Camerâ Imperiali Mynsingerus *cent. 6. observ. 55.* à Scabinis Lipsiensibus Colerus *part.1. decis. 47.nu.5.* Idem docent Zans *de divis. bonor. libr. 4. cap.4 n.1. & seqq.* Forsterus *de success. ab intestat. libr.7. cap.4. concl.4. nu.12. & seqq.* Robles *de repræsentat. libr.2. cap.19. nu.19. & seqq.* Tuldenus *d. cap. 5.*

IV. In

IV. In patrui hæreditate fratrum filii per repræsentationem cum avo concurrunt ; existimat quidem Cujacius *ad Novell* 118. eos , si soli sint, ab avo excludi , admittendos autem si defuncti frater germanus supersit, & ita Curia Tholosana censuit, Mainardus *libr.7.decis.21.* Verius tamen est utrobique etiam solos per repræsentationem cum avo in stirpes venire ; utroque casu eadem ratio est ; voluit Imperator ut fratrum filii pariter ad imitationem fratrum, etiam extantibus ascendentibus succedant, *Novell* 127.cap.1. Judicatum profert Sandius *libr.4. tit.8. def.5.* & communiter placuisse scribit Mevius *ad Jus Lubecens. part.2.tit.2. articul.1.num.47.* Robles *de repraesentat.libr.2.cap.23.*

V. Moribus hujus Diœcesios à jure civili hîc recessum est; fratrum enim filii cum avo per repræsentationem patruo non succedunt , quippe qui ipsos cum reliquis defuncti fratribus excludit, *Statut.Ultrajet.Rubr.23.artic.26.* Ita etiam statuunt Veluani, *cap* 31.artic.2. Zutphanienses, *tit.17. artic.1.& 3.* Idem servant Saxones, Berlichius *part.3.concl.23. num.10.* uti Lege Regiâ apud Hispanos quoque cautum est , Lopes & Gomezius *ad Leg.Taur.7.* Idem aliorum mores ferunt; quorum tamen nonnullis diversum placuit interrupto mortalitate conjugio.

VI. Sunt qui matrimonio morte alterutrius ex conjugibus dissoluto non tantum fratrum filios, sed & nepotes etiam ex uno latere, quatenus defunctum contingunt, cum avo per repræsen-

B 5                    tationem

tationem patrui hæredes declarant, adhibitâ tamen suprà relatâ Cujacii & Mainardi distinctione, si scilicet frater defuncti germanus extet, *Placcaet van Holland op de succeff.* de anno 1599. *artic.3.* Alii vero fratrum filiis repræsentationem hîc concedunt, licet vel ex uno tantum latere supersit defuncti frater, *Landr. van Overyssel part.2.tit.6.artic.5.*

VII. Statutum Ultrajectinum *Rubr.23.artic.* 26. de patre & matre duntaxat loquitur, sed justâ interpretatione monet Jurisconsultus sub filio nepotem, & patris nomine avum demonstrari, *l.201.ff. de verb. signif.* Barbosa *de verbor. appellat.* *cap.190.* Idem ex finitimis Veluani & Zutphanienses, quibus unum ferè nobiscum successionis jus est, expressè statuunt, *cap.31.art.2. & tit.17. artic.1. & 3.* Eodem modo Saxones suas in intestati successione Constitutiones explicant, Coletus *part.1. decif.47. n.3.* Fachsius *differ.24.* Reinhartus *part.1.differ.29.* De simili Parisiorum lege agit Choppinus *de Privileg. Rustic. libr. 3. part.3. cap.8.num.6.*

# CAPUT III.

## De Repræsentatione in lineâ collaterali.

I. *A qua introducta sit hæc repræsentatio?*

II. *En*

II. *Ex scriptâ consuetudine, non autem ex jure Romano plerique eam habent.*

III. *Multi repræsentationem non agnoscunt.*

IV. *Alii in infinitum eam extendunt.*

V. *Ultra nepotes jure civili & plerisque moribus locum non habet.*

VI. *Quare in fratrum filiis repræsentatio terminetur.*

VII. *Uno gradu alterius apud Hollandos præcedit.*

VIII. *Roterodamensium privilegium.*

IX. *Patrueles in Hollandiâ etiam repræsentatione gaudent.*

X. *De consobrina vel patruele in furore defunctâ.*

XI. *In statutorum diversitate quomodo constituetur repræsentatio.*

XII. *De mutatione domicilii.*

XIII. *De domicilio mortui quoad repræsentationem.*

XIV. *Nepotes soli in capita, non in stirpes succedunt.*

XV. *De divisione hæreditatis, ubi inter transversales in infinitum repræsentatio procedit.*

XVI. *Nepotes per repræsentationem defuncti thios excludunt.*

XVII. *Quomodo hoc casu bona dividant.*

XVIII. *Quousque apud alios detur patruorum exclusio.*

XIX. *Semper rectà procedit repræsentatio.*

I. Jure

I. IUre civili, & duodecim tabularum lege proximior inter collaterales ex clufit remotiores nullâ reprænta tione admifsâ, §. 6. *Inft. de legitim. agnat. fucceff. l. 3. C. de legitim. hæred.* Impera tor Juſtinianus primus fuit, qui contra unanimes veterum Jurifconfultorum fententias nepotes per modum privilegii una cum patruis ad defuncti hæreditatem in ſtirpes vocavit, *auth. ceffante C. de fuis & legitim. hæred. Novell.* 118. *cap.* 3. *Novell.* 127. Francifc. Balduinus *in Juſtiniano libr.* 4. *in expofit. Novell.* 118. *verf. quod autem tribuit fratribus.* Autumnus *en fa conference ad l.* 3. *C. de legit. hæredib.* Mean *ad Jus Leodienf. obferv.* 3. *n.* 5. Cum enim nec vitam nec fanguinem nepotes à patruo ducant, neque proximi reperiantur, non tam ju ris communis aut fola naturæ ratio, quam Im peratoria potius liberalitas eofdem unâ hæredes fecit, Grivellus *decif.* 40. *n.* 20. Spino *de teſta ment. gl.* 1. *nn.* 44. *& * 45. Kellenbentz *de renunciat. fucceff. quaft.* 33. *nu.* 10.

II. Vix ufquam ex jure Romano tranfverfalis repræfentatio locum invenit, fed ex fcriptâ cu jufque populi lege; de Hifpanis ubique obvium eſt apud eos, qui de majoratu feu primogeniis fcripfere; Gallis præcedenti fæculo potiffimum innotuit, à Confuetudinum Reformatoribus ſta bilita, ut illius Gentis fcriptores paffim tradunt. In Germaniâ Carolus Quintus anno 1521. Wormatienfibus Comitiis repræfentationem primum introduxit, Carpzovius *part.* 3. *Conſtit.* 18. *def.*

8. def. 2. Mevius ad Jus Lubecenf. part. 2. tit. 2. trt. 7. num. 26. Apud vicinas quoque nationes ex Principum Edictis obtinuit ; à Guilielmo Juliacenfi anno 1540. Veluanis conceffa , poftea anno 1564. Cæfareâ Conftitutione ib.dem confirmata fuit, *Landr. van Veluwe cap. 31. art. 5.* Ita Zutphanienfes eandem quoque habent, *Landr. ibid. tit. 17. art. 3.* & fcriptis Moribus Tranfifulani receperunt , *part. 2. tit. 6. artic. 7.* Hollandi Politicâ fuâ Ordinatione anno 1580. repræfentationem corroboravere, *art. 28.* Quamvis ea in nonnullis ibidem locis antea in utrâque lineâ in infinitum obtinuerit , uti habent Confuetudines juffu Ducis Albani per Dordracenos collectæ , *art. 3.* quas refert Oudenhovius *in Hollandiâ Auftrali pag. 530.* Serius autem noft:a Diœcefis anno 1594. fpeciali Edicto moribus hanc vicariam fucceffionem tandem inferuit.

III. Nonnullæ in Galliâ Civitates retinuere jus vetus , nec ullam in collateralibus admittunt repræfentationem ; ita etiam obfervant Arragones, Seffe *decif. 61. in fin.* Longobardi, Vifconti *ad Vincent. de Franchis decif. 375.* L'ovanienfes, Wamefius *cent. 6. conf. 67. num. 1.* Tornacenfes *tit. 25. artic. 2.* Flandro Infulani, *cap. 1. artic. 16.* Duâcenfes, *cap. 1. artic. 7.* Sylvæducenfes, *tit. van verfterffeniffe art. 5.* Idem de aliorum moribus tradit Gudelinus *de jur. noviff. libr. 1. cap. 15. circa fin.* Carolinam Conftitutionem nunquam Saxones recepére, denegata repræfentatione,

ne, Schneidwinus *ad princip. Inst. de haered. qua*
*ub intest. defer. Rubr. de tert. ordin. succedend. colla*
*lateral. num* 14. Berlichius *part.* 9. *concl.* 24.
*num.* 17. Ita ex decreto Childeberti Regis ad
Legem Salicam inter collaterales nepos patris
personam non induit, Pythaeus *ad Consuet.*
*Trecens. artic.* 92. Duret *ad Consuet. Aurelian. ar*
*tic.* 304.

IV. Alii verò in Infinitum repraesentationem extendunt, uti Brianni, Argentraeus *ad*
*Consuet. Britann. art.* 559. Pictones, Petrus Rath
*ad Consuet. Pictav. art.* 277. Andegavenses, Delommeau *ad Consuet, Andium, artic.* 229. Cae-
nomani, Corbin *arrest.* 64. *in addit.* Turonen-
ses, Peleus *quaest. illustr.* 136. Arverni, Bessianus
*ad Consuet. Arvern. cap.* 12 *artic.* 9. Antwerpien-
ses, *tit.* 47. *artic.* 20. Brugenses, *tit.* 8. *artic.* 2.
Bruxellenses, *tit. van Successien, artic.* 278. Gan-
denses, *Rubr.* 16. *artic.* 13. Aldehardenses, *Rubr.*
23. *artic.* 20. Alostenses, *Rubr.* 20. *artic.* 44.
Teneramundani, *Rubr.* 16. *artic.* 16. Casletenses,
*artic.* 209. Bellenses, *Rubr.* 8. *artic.* 10. Slusa Flan-
dri, *Rubr.* 25. *artic.* 2. Idem generaliter Flandriae
ac Wasiae territorio Rex Philippus Edicto suo
praescripsit, 29. *Maji* 1556. Zypaeus *in notit.*
*Jur. Belgic. tit. Unde liberi, in med.* Quod Iterum
16. *Maji* 1615. confirmatum est, *Costuymen van 't*
*Land van Waes Rubr.* 2. *artic.* 8. & plerisque recentioribus Civitatum in Flandria statutis cautum extat.

V. Solis fratrum & sororum liberis hoc privilegium

vilegium Imperator Juſtinianus largitus eſt; quæ
ſententia frequentioribus aliarum gentium cal-
culis comprobata fuit; poſt eos omnes gradu
proximiores ſuccedunt, ceſſante omni repræſentationis jure, *Novell.118.cap.3.* DD. *in auth.poſt
fratres C. de Legitim. hæred.* Robles *de repræſentat. libr. 1. cap. 24.* Carpzovius *part.3.Con-
ſtit.17. def.4.* Mean *ad Jus Laodienſ. obſerv.3.
num. 5.*

VI. Quare in fratrum filiis terminetur repræſentatio, in deſcendentibus finem non habeat, diſcutit Antonius Faber *de error. pragma-
tis. decad. 55. error. 1.* Patentum hæreditatem natura liberis addicit; domini rerum pater-
narum quodammodo audiunt, nulla inter fratres
neceſſaria ſucceſſio eſt; alter ab altero ſanguinem
non trahit, Schneidwinus *ad tit. Inſtit. de hære-
ditat. quæ ab inteſt.sit de prima ordine ſuccedendi
num. 22.* Tuldenus *ad C.tit. de ſucceſſ. ab inteſt.
cap. 8.* Quod autem filii tantum, non etiam
fratrum nepotes hoc jure gaudeant, præcipuum
in ſolo legislatoris beneplacito fundamentum
habet; prout nonnullorum mores ad pronepotes alioſque in collateralibus repræſentationem
porrexere.

VII. Uno gradu ulterius, quam jus civile
proceſſerunt Hollandi, & in patrui hæreditate
nepotes cum fratrum filiis per repræſentationem in ſtirpes admittunt, *Polit. Ordonnante.
artic. 28.* Placcaet op de Succeſſie artic. 3. 4. 5.
& 12.

VIII. Ro-

VIII. Roterodamenses ex privilegio ab Ordinibus ad ipsorum petitionem anno 1604 concesso obtinuerunt, ut ibidem intra Civitatem repræsentatio locum habeat per duos gradus ulterius, quam commune jus patrium apud illos permisit, quod latius explicat Grotius *in manuduct. libr. 2 part. 28 num. 24.*

Placuit porro Hollandis repræsentatio, cujus vigore patruorum & avunculorum quoque filii cum aliis defuncti thiis ad hæreditatem per stirpes veniunt. parentem etiam uno tantum latere defuncto conjunctum repræsentantes, *Polit. Ordonnant. artic. 24. 28. Placcaet op de Successie artic. 9.* Jure alioquin civili nunquam patrueles repræsentant, neque cum defuncti thiis concurrunt, *l. 6. C. Commun. de success. Novell. 118. cap. 3. §. 1.* Ita se respondisse anno 1565. testatur Molinæus *ad Consuet. Chalon. artic. 82.* & observari scribit Pythæus *ad Consuet. Trecens. artic. 92.* Buridan *ad Consuet. Veromand. artic. 154.* Judicata exhibent Thesaurus *libr. 2. quæst. forens. 63.* Vestius *arrest. 80.* Chestinæus *ad Leg. Mechlin. tit. 16 artic. 9. in additam.* Carpzovius *part. 3. Constit. 18 def. 20.* Idemque obtinet, etiamsi ex uno tantum latere patruus defuncto fuerit conjunctus, Parladorius *rer. quotidian. libr. 2. cap. 15.* Ranchinus *de success. ab intestat. §. 13. num. 19.* Robles *de repræsentat. libr. 2. cap. 24.* Decisum referunt Boërius *decis. 302.* Pythæus *d. artic. 92. in fin.* Duret *ad Consuet. Aurelian. artic. 304.* Sandius *libr. 4. tit. 8. defin. 2.*

X. Ti.

X. Titius relictâ materterâ Gajâ & Mevio
Consobrino furiosus deceffit; ea propter repræsentationis defectum totam postulat hæreditatem; obtendit Mevius prædefunctæ suæ materte-
ræ feu Titii matris, non ipsius proximitatem spe-
ctandam esse; ad prædefuncti enim proximos
hæreditas revertitur ac si furiosus in medio non
fuisset ex Justiniani Constitutione, *l. ult. §. 3. C. de
Curat. furios.* A tribus Frisiæ Senatoribus ex
partium compromisso responsum fuit etiam Me-
vium per repræsentationem hæredem esse, *Sandius libr. 4. tit. 8. def. 9.* Cum autem hodie explosâ
Juris Romani subtilitate hæreditatis dominium
furiosus acquirat, rectè à moribus nostris alie-
nam hanc arbitrorum sententiam demonstrat
Groenewegius *ad d. l. ult.*

XI. Quod si repræsentatio in uno loco obtineat, in altero sit incognita, aut in infinitum inter
collaterales, hîc procedat, alibi vero ad nepotes
aut pronepotes terminetur, secundum cujusque
rei sitæ locum seu consuetudinem repræsentatio
spectanda est, Charondas *lib. 3. arrest. 20.* Valla
*de Reb. dub. tract. 20. num. 4. in fin.* Duret.
*ad Confuet. Aurelian. artic. 304.* Bouvot. *part.
ultim. verb. legitime fuccession quæst. 5.* Buridan
*ad Confuet. Veromand. artic. 76.* Sandius *libr. 4.
tit. 8. def. 9.* Quoad mobilia autem licet in loco
existant, ubi repræsentatio ne quidem inter descendentes obtinet, nihilominus per repræsentationem dividuatur, si ea in loco domicilii defuncti observetur, arrestum profert Christinæus *vol.
1. decis. 118. num. 13.*                          C                XII.

XII. Sempronius matrimonium contrahit, pa-
&tis dotalibus cautum fuit , ut dissoluto sine liberis thoro proximi ab intestato succedant; postmodum ex Hollandiâ in hanc Provinciam lares
transfert, & improlis moritur ; soli fratrum filii
hæreditatem divisuri sunt, exclusis nepotibus, qui
retento priore domicilio per repræsentationem
unà fuissent admissi ; quod & vice versâ locum
habet, si non aliud rei situs disponat, Rodenburch
*de jur. quod orit. ex statut. diversit. tit. 2. part. 2. cap.
2. num.* I.

XIII. Trajectinus quidam diu in Hispaniâ in-
stitor, postea Amstelodami propria gessit negotia,
& ibidem cælebs defungitur; in casu repræsentationis non Hollandorum sed Civitatis Ultrajectinæ leges spectandas esse, & ex uno latere nepotes
cum germanis defuncti fratribus loco genitoris
sui æqualiter admittendos responsum extat,
*Consult. Jurisc. Batav. part. 5. cons* 85. Solâ ad ne-
gotiandum habitatione domicilium originis non
alteratur, *l. 17. §. 13. ff. ad Municipal. l. 3. C de Incol.*
Leoninus *cons.* 54. *num.* 2. Burgundus *ad Con-*
*suet. Flandr. tract. 2. num. 33. & 34.* Qui enim
apud alios revertendi animo degunt , ne quidem longissimo tempore domicilium contra-
hunt , Mascardus *de Probat. concl.* 534. *num.* 13.
Barbosa *ad l. 65. ff. de Judic. num.* 58. Amaya *ad l. 7.*
*C. de Incol. num.* 99.

XIV. Si cum patruo nepotes concurrant, in
stirpes fit divisio; sed an idem obtinebit , ubi soli
later sese succedunt ? ea quidem Accursii alio-
rum-

rumque Veterum fuit sententia , quos recenset
& sequitur Forsterus *de succeff. ab intest. libr* 8.
*cap* 3. *num* 2. Gomezius *ad Leg. Taur.* 8. *num.* 19.
Cancerius *variar. resol. part.* 1. *cap.* 5. *num.* 12. Valascus *de jur. emphyt. quaest.* 50. *n.* 3. Caldas Pereira
*libr.* 1. *quaest. forens.* 19. *num.* 28. Sonsbekius *de
fendis part.* 9. *concl.* 6. *num.* 100. *& seqq.* / Robles
*de Repraesentat. libr.* 2. *cap.* 26. Vinnius *libr.* 2.
*quaest.* 30. Ita in Curiâ Gratianopolitanâ decisum
fuit, Vidus Papius *decis.* 134. & secundum Consuetudines Burbonias judicatum refert Montholon *arrest.* 49. Uti etiam ex moribus Pictao-
num aliquoties obtinuisse narrat Petrus Rath
*ad Consuet.* Pictav. *artic.* 280. *in verb. car tous
succedent.* Speciali tractatu idem defendit Antonius Faber. Refert Molinaeus *in not. ad Ale-
xandr. vol.* 4. *cons.* 55. hoc communiter DD.
placuisse, donec Fortunius Garsias & Udalricus
Zasius hanc sententiam impugnaverint. Utrobique autem jam ferè receptum est nepotes inter sese solos in capita , non stirpes patruo succedere ; extat de hoc Caroli Quinti Edictum in
Comitiis Spirensibus anno 1529. latum, quod
exhibet Forsterus *d. cap.* 3. Idem in hâc Doecesi
& apud finitimos expresse constitutum est ; Ita
judicavit Curia Parisiensis , Choppinus *de Privileg. rustic. libr* 3 *part* 3. *cap* 8 *n.* 8. Normannica,
Berault *ad Consuet. Normann. art* 320. Dolana,
Grivellus *decis.* 130. Taurinensis , Thesaurus
*decis.* 162. *in fin.* Tholosana , Mainardus *libr.* 6.
*decis.* 92. *nu* 2. Burdigalensis, Autumnus *en sa*

C 2 *conse-*

conference ad auth. Ceffante C. de Legitim. haredib.
Camberinenfis, Faber in C, S. libr. 6. tit 31. def. 1.
Mechlinienfis, Chriftinæus vol. 1. decif 194.
Neapolicana, Pafchalis de virib. patr. poteft. part.
4. cap 9. nu. 16. Leodienfis, Mean obferu. 74. nu. 13.
Rota Romana, Michalorius de fratrib. part. 3.
cap. 15. nu. 15. Camera Spirenfis, Mynfingerus
Cent. 3. obferu 94. Cavit folummodo Imperator
ne gradu remotior nepos per patruum excluda-
tur, concefiâ repræfentatione, Novell. 118. cap 3.
§. 1. In reliquo illibatum remanfit jus vetus,
quo nepotes inter fe patruo in capita fuccedunt,
§. 4. Inft. de legitim. agnat. fucceff. l. 2. §. 2. ff. de Suis
& legitim. hared. l. 1. §. ult. ff. Si pars hare-
dit. petat. l. penult. in fin. & l. ult. C. de Legitim.
hared.

XV. Nequè aliud mihi dicendum videtur
repræfentatione inter tranfverfales in infinitum
producâ; exiftimat quidem Beffianus in hujufmodi Conftitutionibus etiam in gradu æquali per
ftirpes divifionem faciendam effe, ad Confuet.
Arvern. cap. 12. artic. 9. num. 8. Idem de Moribus Pictonum judicatum tradit Petrus Rath ad
Confuet. Pictav. d. artic. 283. In bonis in Arver-
niâ fitis, ubi repræfentatio in infinitum procedit,
Curia Parifienfis nepotes patruo in ftirpes, in
reliquis per capita hæredes declaravit, Barnabas
le Veft arreft. 129. Nulla quidem de æqualitate
aut inæqualitate graduum in ftatuto extat diftinctio, attamen nihil aliud hîc intenditur; nifi quod
in fratrum filiis repræfentatio non terminetur,
aliis

aliis casibus juri veteri relictis ; Exclusionis præ-
ventio præcipuus repræsentationis scopus est ;
divisionis inde modus demum profluit ; Successionem format repræsentatio , non portiones,
nisi exconcursu ;   In Ducatu Burgundiæ Inde-
finitè collaterales succedunt, quamdiu repræsen-
tatus in eodem gradu fuerit cum eo , cum quo
repræsentantes concurrunt; Chassanæus *ad Con-*
*suet. Burgund. Rubr.7. §. 10.*   Uti apud Cortra-
censes quoque constitutum est, *Rubr.15 artic.31.*
Has Consuetudines rectè interpretatur Bouvot,
ut in pari gradu nepotes per capita succedant,
in stirpes vero si pronepotes cum iisdem concurrant, eo enim casu desideratur repræsentatio,
*part.2. verb.succession quæst. 4.*   Prævalet nihilominus pro more cujusque populi ex usu recepta divisio.

XVI.   De fratrum filiis, num defuncti thios
per repræsentationem excludant , dubitatum
fuit ; si cum patruis suis hæredes sint, communiter placuit exclusio ;   sin autem soli succedant,
nonnulli secus statuunt , cum ex suo capite venientes repræsentatione non indigeant , & les
ipsos ut in tertio gradu constitutos æqualiter
cum thiis admittat , *l. ult. §. 3. C. de Legitim.*
*hæred.* Choppinus *ad Leg. Andium libr.3. tit. 1.*
*num.21. circa fin. in not.*   Coquille *ad Consuet.*
*Nivern.tit.des successions art.8.* Mantica *de tacit.*
*& ambig. convent. tom.3. libr.23.tit.30.*   Verum
contra juris veteris rationem nepotes quoque
solos defuncti patruum excludere voluit Impe-

C 3                           rator,

rator, *Anth. post fratres C. de Legitim. hæred. Novell.*118. *cap. 3. verf. illud palam.* Gomezius *ad leg. Taur.*8. *num.* 14. Zaus *de divif. bonor.lib.* 4. *cap.* 7. *num.* 24. Grivellus *decif.* 40. *num.*3. & 18. Robles *de repræfentat.libr.*2. *quæst.*25. Sandlus *libr.*4. *tit.*8. *def* 6. *verf. nec mutat.* Ita apud nos post receptas vicariæ fuccessionis leges ex jure communi intelligendus est *Statuti Ultra-*jectini articulus 27. *Rubr.*23. quo proximi vocantur ad hæreditatem. Hoc etiam modo Galli fuas de repræfentatione Constitutiones interpretati funt, Molinæus *ad Confuet. Veromand. artic.* 75. Valla *de reb. dub. tract.*20. *num.*44. Barry *de fuccess. libr.*18. *cap.*3. *num.* 5. *in fin.* Decifum refert Vestius *arrest.* 165.

XVII. Succeffionem operatur repræfentatio; ex hæredum vero concurfu inter collaterales fequitur bonorum divifio; ubi remotior cum proximiore admittitur, in stirpes, ne fcilicet ejus, cum quo fuccedicur, per repræfentationem minuatur portio; fin vero tranfverfales in eodem gradu concurrunt, nulla ratio est, cur qui æquè proximi funt & naturâ & lege diverfas ex repræfentatione portiones confequantur. In capita itaque inter fratrum filios hîc facienda divifio est; fubmoto defuncti patruo repræfentatio magis locum feu gradum refpicit, quam portiones, uti non obfcurè Justinianus constituit, *Novell.*118.*cap.*3. *verf. illud palam.*

XVIII. Apud quos porro vicaria fuccessio a collateralibus in infinitum procedit, non

tan-

tantum à fratrum filiis defuncti thil excludun-
tur, sed etiam à nepotibus & pronepotibus, quo
usque se repræsentatio extendit ; hi enim omnes
tunc gradum & personas fratrum induunt ; cum
alioquin defuncti patruus uti gradu proximus
reliquos præter fratrum filios ab hæreditate sub-
moveat, quia jure civili & plerisque Moribus ulterius cessat repræsentationis beneficium , uti
superius annotatum fuit.

XIX. Generaliter quoad repræsentationem
observandum est semper eam rectà procedere,
nunquam autem retrogradè, uti scripsit Molinæus
ad Consuet. Cœnoman. artic. 4I.

---

# CAPUT III.

## SECTIO I.

I.    *Repræsentatio requirit mortem seu natu-*
       *ralem seu civilem.*

II.   *Fratre hæreditatem repudiante filius non*
       *admittitur.*

III.  *An factà renunciatione creditores hic ve-*
       *nire queant.*

IV.  *Ex repræsentatione æri alieno nemo obli-*
       *gatur.*

V.   *An repræsentatio locum habeat si pater*
       *deliberans ante aditam hæreditatem de-*
       *cesserit.*

           VI. *Quid*

I. Mortuorum, non viventium repræsentatio est; mortem seu civilem seu naturalem personæ repræsentandæ in utrâque lineâ hoc jus præsupponit, *l.*7. *ff. de his qui sunt sui vel alien. jur. l.*1. *§.*4. *& seqq. ff. de suis & legitim. hæred. Novell.* 118. *c.*1. *& 3* Molinæus *ad Consuet. Cænoman. artic.* 241. Libbæus *ad Cons. Bituric. tit.*19. *art.*6. Coquille *ad Consuet. Nivern tit. des successions art.*11. Bacquet *des droicts de Justic. cap.*21. *n.*259. Autumnus

nus *en sa conference ad l. 7. ff. de his qui sunt sui vel alien. jur.* Corbin *arrest.* 64. Stockmans *de jur. devolut. cap. 5. num. 7.*

II. Fraternam itaque hæreditatem si pater repudiaverit, repræsentationis jure filius non venit, quia patris obstat persona, decisum refert Choppinus *de Morib. Paris. libr. 2. titul. 5. num.* 10. Charondas *ad Consuet. Paris. artic.* 310. Godefroy *ad Consuet. Normann. artic.* 394. *in med.* Neque aliud dicendum est, si filius repudiantis non cum patruo, sed cum nepotibus in eodem gradu existentibus concurrat; quasi jam suo, non repræsentationis jure hæreditatem capiat, uti post Covarruviam voluit Zans *de divis. banor. libr. 4. cap. 7 num.* 8. Barry *de succeff. libr.* 18. *tit. 3. num.* 1. *in fin.* Mean *ad jus Leodiens. obferv.* 102. *nu.* 4. Utrobique enim eadem ratio est, sicuti latè deducit Robles *de repraesentat. lib. 2. cap.* 28. Censuit Curia Mechliniensis patruum multis liberis dotatum non posse repudiare fraternam hæreditatem in præjudicium nepotum, ut in capita fiat successio, Christinæus *vol. 1. decis.* 194. *num.* 13. Alii etiam cum patruo repudiantis filium admittunt, cum illi non accrescat hæreditas, & mortis vicem suppleat repudiatio, Berlichius *part. 3. concl. 24. num.* 9. Forsterus *de succeff. ab intest. lib. 8. cap. 9. num.* 4. Mevius *ad Jus Lubec. part* 2. *tit. 2. artic.* 7. *num.* 19. Sola patris existentia hæc diluit; & in legitimis hæreditatibus hoc quoque casu accrescendi jus est, *l. 9. ff. de suis & legitim. hæred. l. 1. §. 9. ff.*

ad SC*tum Trebell*. decisum refert Buridan *sur les Constum de St. Quentin artic. 53. vers. que si le fils.*

III. Mater obærata fraternæ hæreditati renunciat, spe aut tacitâ fide, ut per avunculos ipsius liberis fiat gratificatio; creditores instant non valere renunciationem in ipsorum fraudem excogitatam; Judicatum fuit non nepotes per repræsentationem aut avunculos jure accrescendi, sed creditóres repudiantis loco admittendos esse, quatenus cujusque creditum se extendit, datâ pro indemnitate per eosdem cautione, Bacquet *des droicts de Justic. cap. 21. num. 359.* idem refert Mornacius *ad l. 68. §. 1. ff. pro socia.* & exornat Corbin *arrest. 17. in med.* Gallorum moribus hæreditatis renunciatio in gratiam creditorum indistinctè rescinditur; Matre repudiante etiam nepotes ab aviæ successione repulsi sunt, admissis creditoribus; quod & in causâ fisci, paternæ hæreditati renunciante filio criminis reo, judicatum fuit, uti duplici arresto probat Besordeau *ad Consuet. Britann. artic. 571.* Apud nos autem non statim creditori fraus facta præsumitur, si quis simpliciter acquirendi occasione non utitur, *l. 6. ff. quæ in fraud. creditor.* Groenewegen *ibidem.* Sandius *libr. 3. tit. 13. def.* 3. Mean *ad Jus Leodiens. observ. 120. num.* 19. Quod si facto aut ministerio matris liberi seu nepotes hîc quicquam consequantur, revocatoria actio patefactâ fraude creditoribus subvenit; quia jam non nuda renunciatio est, sed in

libe-

liberorum favorem de repudiatâ portione difpofitio.

IV. Nepotes quando per repræfentationem
cum patruis fuccedunt , repudiatâ genitoris fui
hæreditate , debitis ipfius inde obnoxii non
fiunt; quoad thios paternum gradum ingrediun-
tur , non quoad extraneos ; Imperator fratrum
liberis , non creditoribus per repræfentationem
prodeffe voluit ; neque iifdem obfuit, cum de-
volvenda hæreditas nunquam fuerit in defuncti
debitoris patrimonio , eleganter Antonius d'
Efpeiffes *tom.2.part.2.tit.1.num.27.*

V. Patre repudiante filii quidem per repræfentationem non fuccedunt ; fed quid fi ante
aditam fraternam hæreditatem , dum deliberat,
moritur ? Nepotes admittendos cum patruis re-
&è exiftimat Berlichius *part.3. concl.24.num.15.*
*Alexander & Surdus ibid. alleg.* Hodiè jus adeundi in bonis numeratur, & non tantum in lineâ
rectâ, fed in tranfverfali quoque delata hæreditas , licet nondum acceptata ad pofteros
tranfmittitur; ita nepos filio fuo hæreditatem patrui nondum aditam relinquit , feu in ipfum jus
adeundi devolvitur , ut licet repræfentationis
jure venire nequeat, nihilominus cum fuperftite
propatruo hæreditatem dividat , Charondas *ad*
*Confuet. Parif. §.328.*

VI. Plures liberos quis reliquit; unus ex illis
inceftu commiffo captus.è carcere aufugit ; contracto deinde matrimonio exhæredatus fobolem
fufcitat; fato fungitur pater , & poft eum filius
primo-

primogenitus ; accusatione resuscitatâ reus criminis hîc iterum peragitur, & illicitam coitionem confessus capite plectitur ; de hæreditate primogeniti disceptatio incidit ; filii hujus incestuosi ad successionem patrui adspirant; opponunt sese reliqui defuncti fratres, obtendentes patrem ipsorum ante primogeniti decessum ex causâ delicti civiliter mortuum partem in hæreditate non fecisse; eosque removendos esse, uti in tali statu susceptus ; quoniam tamen ante sententiam servus pœnæ nemo efficitur, *l. 13. §. 2. ff. qui testam. facer. poss.* Nepotibus unà cum patruis hæreditas parentis loco adjudicata fuit, Montholon *arrest.* 100. Delommeau *ad Leg. Andium artic.* 249. Guerihus *ad Jus Civil. Paris.* § 320. *vers. quæro.*

VII. Rusticus quidam vivâ uxore in Provinciâ longè dissitâ ducit alteram ; relictis ex eâ quoque liberis decedit ; moritur deinde rustici frater ; an proderit etiam posterioribus liberis repræsentatio? illegitimi censeri nequeunt, qui de adulteræ conscientiâ non nascuntur, ex Innocentii decreto, *cap. 15. X. qui filii sint legitimi.* Extat Curiæ Parisiensis arrestum, quo legitimi paternæ hæreditatis successores declarati sunt, Choppinus *de privil. rustic. libr. 3. part. 2. cap. 8. n. 3.* Idem apud nos judicatum est, 13. *Junii* 1665. *in causâ Barbara Carueri.* Nonnulli quoad transversales ex latere parentis, qui in malâ fide repertus fuerit, eos cum legitimatis per Rescriptum pares constituunt, quibus repræsentatio

tatio non prodeft nifi expreffo collateralium con-
fenfu , Argentræus *de Legitimat. cap. 5. num.2.*
Kinfchotus *de Legitimat. cap.5. num.8.* Quæ
Molinæi fententia eft in notis ad dictam Innocentii decretalem epiftolam ; Verum legitimæ
nativitatis individua conditio eft ; in legitimatis
per Refcriptum tranfverfalium confenfus calcu-
lum ponit; hic autem non hominis fed legis operatio eft, quæ indiftincte illegitimæ conjunctionis
vitia ex bonâ unius conjugum fide quoad liberos
in totum aufert , Cofta , Guitierrez, Sanches,
Trentacinquius aliique quos collegit Barbofa
*ad l. 4. C. de Inceft. & Inutilib. nupt. num.*22.
Ita ex refcripto Marci & Lucii Imperatorum liberi Flaviæ Tertullæ , quos ignara juris in matrimonio avunculi fui pepererat, habiti funt perin-
de atque fi legitimè concepti fuiffent , uti ex fecundo Papiniani de adulteriis libro notat Mar-
cianus *in l. 57. §. 1. ff. de Rit. Nuptiar.* Judicata
in fcholiis adjecit Mornacius.

VIII. Fratricida uti indignus à fucceffione re-
pellitur ; nec patrem repræfentando nepotes veniunt, ne per avariciam delinquendi detur occa-
fio, Blafius Michalorius *de fratrib. part.3. cap.56.
Carrerius, Placha, Menochius ibidem alleg.* Cafus ità decifos referunt Boërius *decif.25.* Clarus §.
*homicidium nu. 22.* Louet *in arreftis lit. S. cap.20.*
Si pater cognatum fuum interim curaverit, ejufque hæreditatem adiit , vel bonorum poffeffionem accepit, non augeri inde liberorum portiones Paulus refpondit , & Imperatoris Antonini
re-

rescripto confirmat, *l.7. §.4. ff de bon. damnat.*
Attamen propter patris crimen aliorum hæreditate innocuos privari iniquum foret; delinquentes non egreditur pœna ; Succedit fratricida defuncto & verus hæres est, sed fiscus ab eo hæreditatem aufert, *l.28. § 1. ff. famil. ercisc. l.9. ff. de jur. fisc. d. l.7. §.4. ff. de bon. damnat.* Peregrinus *de jure fisci libr.2. tit 3. per tot.* Guazzinus *de confiscat. bonor. concl.13, ampliat.6. num.39.* Moribus autem hoc casu nulla fisci successio est; neque ratio æquitatis patitur alios collaterales exclusis nepotibus patrui auferre bona , & eosdem ex parentis delicto submoveri ; nepotes itaque etiam hîc patris loco seu ad ipsius portionem admittendos existimaverim , modo nihil ex hæreditate ad reum perveniat ; uti in parricidio quoque statuunt Gomezius *var. resol. tom. 3. cap.3. num.52. in fine* & Plaçha *de delict. libr.1. c.10. nu.24.*

IX. Hæreditate per avunculum repudiatâ, nepotes nihilominus in stirpes succedunt.; jus illud statim post decessum ipsis acquisitum, invitis auferri nequit; repudiantis portio jure accrescendi simul omnibus competit, Hyeronimus Brucknerus *ad Mainardi decis. Corollar. 4. per tot.* Robles *de repræsentat. libr. 2. cap.27.* Mean *ad Jus Leodiens. observ. 103. num.7.* novissimè Censalius *ad Peregrinum de fideicom. artic.21. num.22. vers. non prætermittam.* Ex Gallorum moribus distinctione quæstionem explicat Choppinus *de morib. Paris. libr.2. tit.5. num.5. in med.*

ut in capita veniant , si nihil avunculus renun-
cians perceperit ; sin autem legati titulo gaudeat, in stirpes, cum hæreditario juri æquipolleat
hæc gratificatio , ita judicatum ibidem tradit;
sequitur Peleus *libr.3. action. forens. cap.16.* Duret *ad Consuet. Aurelian. artic. 322. in fin.* Buridan *ad Consuet. Veromand. artic. 76.*

X Quorum porro moribus ex delicto hæreditatis sequitur incapacitas , aut monasterium
intrando à successione quis secluditur, cum jam
pro mortuo patruus habeatur, in capita, non in
stirpes iis casibus sit divisio ; requiritur enim ad
hoc realis & cum effectu repræsentatio, Buridan
*d. artic. 76. vers. ce n' est encore.*

XI. Lucius relictis liberis cum Cajo fratre
improle naufragio submersus fuit , an nepotes
ex variis Caji fratribus in capita, an vero in stirpes hæreditatem divisuri sunt, cum incertum sit,
quis prior decesserit ? superexistentia fratris seu
patrui repræsentationis fundamentum est ; neu-
ter autem ex duobus in naufragio longius vixisse
præsumitur, si non alterius imbecillitas concurrat, Menochius *de præsumpt. libr. 6. cap. 50. num.*
19. Carpzovius *part. 3. const. 17. def. 13.* Ubi duo
simul decedunt , si quis superviventiam allegat,
eam probare debet , inquit Faber *in C S. libr 4.*
*tit. 14. def. 2. num. 7. in not. circ. fin.* Justius
est, ut benignâ interpretatione in capita partian-
tur , quos æquè proximos per se natura constituit ; in dubiâ enim hujusmodi morte inspicien-
dum est ; quid naturali rationi & æquitati magis
con-

conveniat, Barry *de succeff. libr. 17. tit. 6. num. 11. in med.* Varia in hoc arresta proferunt Boguier *lit. C. arreft. 4.* & Guerinus *ad Confuet. Parif. §. 308.*

XII. Quod fi quis moritur vivis nepotibus & fratre, cujus vitam longa abfentia incertam facit, repræfentationis modo facienda divifio eft; quilibet præfumitur vivere, nifi contrarium probaverit, cui mors fundamentum intentionis eft, DD. ad *l. 23. C. de SS ecclef.* Mafcardus *de Probat. concl.* 1073. Faber *d. def. 2.* Numerabitur itaque abfentis perfona & portio ipfius in cafum reditus confervanda eft, decifum refert Vincentius de Franchis *decif 149. num. 2.* Quantum vero annorum fpacium ad abfentis quoque patrui bona dividenda requiratur, variant mores, Mornacius *ad auth. Quas actiones C. de SS. ecclef.* Groeneweg. *ad l. 4. C. de poftliminio, reverf.*

XIII. Ubi repræfentatio ftatuto excluditur, in morte dubiâ, quantum res patitur, judex fuccurrit; filio robufto & vegeto, cujus propter abfentiam incerta habebatur vita, in dubio patrem fupervixiffe judicatum fuit; ut fic nepotes cum patruis avitam hæreditatem æqualiter dividerent, cum alioquin exclufâ in collateralibus repræfentatione, fraternam portionem primo ex hæreditate patris foli filii jure fubduxiffent, Barnabas le Veft *arr. 71.* aliud arreftum exhibet Boguier *lit. C. arr. 4. verf. une mère de Alois.* Soror fratris ex affe hæret decreto judicis bona

abfentis

abfentis occuparat ; introductâ poftmodum Parifiorum moribus repræfentatione, etiam nepotes pro dimidio ad bonorum poffeffionem fiduciariè cum et admiffi funt , ex Choppino notat Guerinus *ad Confuet. Parif.* § 3 8.

XIV, Rupto per querelam inofficiofi teftamento an-nepotes cum patruis fucceffuri funt? fratribus folis, non ipfis querela competit, §. 1. *Inft. de inoffic. teftam* l. 1. ff eod. l 21. C. eod. etiam jure noviffimo , licet per repræfentationem in eodem gradu fint conftituti , Gomezius *var. refol. tom. 1. cap. 11. num. 37. verf. fecundo,* Thadeus Pifo *var refol. libr. 2 cap 13. num. 4.* Caldas Pereira *ad § foror Inft. de inoffic. teftam. num 28.* Ne itaque fraus leg. fiat , eos removendos cenfent Viglius *ad §. 1. Inft. de inoffic teftam. num. 9,* Bufius *ad l. 1. ff. eod. num. 8.* . Tuldenus *ad libr. 6. C. de fucceff ab inteft. cap 8. circ. fin.* Cum autem querela inofficiofi teftamenti patremfamilias faciat inteftatum, *l. 6 §. 1. l 17 §. 1 ff. de Inoffic. teftam.* Rectius eos refciffo teftamento cum patruis ad hæreditatem admittunt. Thadeus Pifo *d. loc. num. 4.* Schneidwinus, Biro, Mynfingerus *ad §. 1. Inft. de Inoffic. Teftam.*

---

# CAPUT IV.

## De iis , qui ex uno tantum latere funt conjuncti.

I. *Filii fratrum germanorum fratres defuncti confanguineos & uterinos excludunt.*

D         II. *Quid*

I. Filii fratrum utrimque conjunctorum jure sanguinis fratres uterinos & consanguineos excludunt, licet soli sine aliis thiis succedant, Auth. Ces- sante, Auth. post fratres C. de Legitim. hered. For- sterus de success. ab intest. libr. 8. cap. 6. concl. I. Robles de repræsentat. libr. 2. cap. 21: Mevius ad Jus Lubec. part. 2. tit. 2. art. 1. num 63. Repræ- sentatio quidem eos in gradu pares constituit, sed non præfert; verum exclusio ab arctiore conjunctione in totum profluit, uti recte observat Modestinus Pistoris part. 3. quæst. 113. num. 8.

II. Cum

II. Cum itaque thios ex uno latere conjunctos propter fanguinem excludunt, etiam abfque
repræfentatione eorum liberos ex vinculi duplicitate removebunt, ita à Frifiæ Curiâ judicatum
refert Sandius *libr.4. tit.8. def.3.* & à Facultate
Marpurgenfi refponfum narrat Antonius Matthæus *ad ff. difput.* 40. *thef.33.* Idem poft Cuja-
cium & Barry docet Mean *ad Jus Leodienf. ob-
ferv.103. n.1.* Neque alio fenfu accipiendam
effe Carolinam Conftitutionem, quæ indiftincté
nepotes folos in capita vocat, fcribit Rickius
*de Union. prolium cap.7. numer.* 145. Nonnulli
tamen ftatuunt fanguinis feu vinculorum duplicitatem non effe confiderandam inter nepotes
folos, quoties femotâ repræfentatione abfque
thiis fuccedunt, quia hic cafus à Juftiniano non
expreffus veteri juris difpofitioni relictus intelligitur, uti latè propugnat Jacobus Ferrerius *ad
Guidonis Papæ decif.* 134. & adducto Senatus
Tholofani arrefto Simon d'Olive *libr. 5. notab.
quæft. cap.35.*

III. Si vero nepotes confanguinei & uterini tantum, & thii ex uno quoque latere folummodo conjuncti exftant, remoto jam fanguinis
obftaculo, obtinebit inter eos repræfentatio ex
Juftiniani & Caroli Imperatorum Conftitutionibus, *Auth. poft fratres C. de Legitim. hæred.*
Pingizer *quæft.Saxonic.*14.Mean *ad Jus Leodienf.
obferv.*470.

IV. Apud nos autem nepotes uno latere conjuncti etiam cum fratribus germanis repræfen

tationis

tationis jure fuccedunt ; quamvis enim Edicto
Succefforio de anno 1594. in hâc Provinciâ repræfentatio juri Cæfareo conformis admiffa fit;
uti etiam Carolus Quintus repræfentationem
introducens ad Jus commune fcriptum fefe refert, Plugizer *d. quæß.14 num.12* Quo jure extantibus germanis uno latere conjuncti nunquam
repræfentant ; ceffar tamen apud nos hæc dubitatio , poftquam ab Ordinibus declaratum fuit
nepotes etiam uno latere conjunctos cum defuncti germanis Edicto comprehendi , 2. *Julii*
1635. *op de Requeste van Jacob Willemsz. Bur-
germeester tot Bunschoten.* Zutphanienfes quoque & Veluaniaíique , qui unum idemque nobifcum quoad fratres fucceffionis jus antiquitus
habuere, in nepotibus hoc modo fuas confuetudines interpretati funt, *Land recht van Zutphen
tit.17. artic.4. Land Recht van Veluvve cap.31.
artic 4. & 5. Coftuym. van Thiel tit.8. artic.6.*
Et in hanc rem Ordinum Gelriæ decretum de
anno 1560. profert Goris *tract* 4 §. 13. *numer.4. in
notis.*

V. Veteribus Jurifconfultis incognitum fuit
duplicis vinculi beneficium, *l.1 C. de Legitim.
hæred.* & ex Novellis Juftiniani Conftitutionibus
demum introducta hæc diftinctio , *Novell.* 84.
Matthias Stephani *ibid. num.* 4. Francifc. Balduinus *in Juftiniano ad Novell.* 118. *verf. qui autem fratres.* Ita uno latere conjuncti, ceperunt
à germanis penitus excludi , qui fimul hactenus
ad hæreditatem fuerant admiffi; In Belgio mores

ab

ab hoc jure Juſtinianæo ut plurimum alieni ſunt,
ſublatâ excluſione, quæ ex ſanguinis aut vinculi
duplicitate hauriri poſſet.

VI. Diverſa tamen inter eos pro more populi hæreditatis diviſio eſt ; in hâc Diœceſi nepotes ex uno latere per repræſentationem æqua-
lem cum germanis fratribus portionem habent,
nullâ bonorum aut hæreditatis diſtinctione datâ ; plurimi ſunt, qui uno latere conjunctis dimidio minus, quam germanis aſſignant ; Alii vero
ad latus, unde bona provenerint, reverti jubent,
ad acquæſtus & mobilia nepotes uno latere conjunctos vel in totum vel dimidiatâ manu cum
germanis admittentes, uti ex particularibus cujuſ-
que gentis legibus patet.

VII. Verum an apud eos, ubi per dimidia-
tam manum diviſio in uno latere conjunctis locum habet, eadem obtinebit, ſi ſoli inter ſe nepotes abſque repræſentatione concurrunt ? Et
hoc verius eſt ; Jure Romano nepotes ex fratribus germanis excludunt uno latere conjunctos;
Statutaria lex eos in aliorum nepotum præjudicium melioris conditionis, quam parentes feciſſe
non præſumitur ; duplicis ſanguinis conſideratio
majorem portionem tribuit fratribus germanis,
eadem autem ratio nepotibus favet , ita Hollandorum Conſtitutiones interpretatur Leeuwius
*in Cenſ. Forenſ. libr 3 cap 15. n.7.*

VI I. Inter nepotes & thios ſimul ex uno latere conjunctos paterna paternis , materna jure
cognationis maternis cedere , reliqua æqualiter

D 3                              dividi

dividi plerique docent, Carpzovius *part.3. Constit.14. def.1. num.5.* Mevius *ad jus Lubec. part. 2. tit.2. art.20. num.4.* Rectius alii rejiciunt hanc bonorum separationem, & unum defuncti patrimonium indistinctè considerant ; imo ne quidem inter fratres jure civili hæc paræmia procedit, cum in novissimis hæreditatum legibus nullam hujusmodi bonorum distinctionem faciat Imperator, *Novell.* 118. *cap* 3. Faber *in C.S. libr.6. tit.31. def.2.* Barbosa *ad l.41. ff. solut. matrim. num.69.* Robles *de repræsentat. libr.2. cap.* 22. Tuldenus *ad libr.6. C. tit. de successf. ab intest. cap.* II. Vinnius *libr.2. quæst. 31.*

IX. Sæpius autem ex antenuptiali parentium conventione frater germanus ejusque filius parentis loco fratrem ex uno latere excludit ab iis bonis seu hæreditatis corporibus , quæ à communi parente ad ipsos devoluta sunt , reliquâ hæreditate æquali inter omnes divisioni subjectâ ; pactis enim dotalibus id agi plerumque solet , ut procreandi ex futuro matrimonio liberi absque prole sibi invicem succedant , iisque omnibus deficientibus ad latus, unde provenerint, bona revertantur ; quæ successionis ab intestato designatio in contractu matrimoniali per parentes facta vires exserit, donec liberi contrariâ declaratione eandem immutaverint , uti aliquoties apud nos judicatum est, Rodenburgh *de jur. quod oritur ex statutor. diversit. tit.3. part. 4. cap.2. num.2.* Neostadius *de pact. antenupt. observat.* I, 2. *& 3.*

X. Ultra

X. Ultra nepotes feu extra repræfentationis
limites vinculi duplicitatem de jure nullo modo
attendi pariter DD. fentiunt , & abfque bonorum diftinctione etiam ex uno latere proximum
remotiores utrimque conjunctos excludere , *in*
*Auth. poft fratres C. de legitim. hered.* Molinæus
*ad Conf. Blafenf. artic.* 155. Mainardus *libr.* 6.
*decif.* 90. Parladorius *rer. quotidian. libr.* 2. *cap.*
15. *num.* 2. Chriftinæus *vol.* 4. *decif* 57. *num.* 5.
Sandius *libr.* 4. *tit.* 8. *def.* 2. Mean *ad Jus Leodienf.*
*obferv.* 344. *num.* 4.

---

# CAPUT V.

## De Repræfentatione in teftamentis.

I. Epræsentatio in testamentis locum habet, quousque se lege civili extendit, uti de fideicommissis DD. tradunt & communior sententia est. Quamvis enim in casu solummodo intestatæ successionis eandem Imperator introduxerit, in interpretandis tamen defunctorum voluntatibus præsumendum est testatorem juris dispositioni ea reliquisse, in quibus successionis ab intestato vestigia non intervertit. Quod si legitimos hæredes defunctus simpliciter instituerit, non alio expresso nomine, eos vocare intelligendus est, quos lex ipsa hoc vocabulo complectitur & legitimos designat hæredes, qualis cum patruo per repræsentationem est nepos; ita enim condito elogio satis declaravit inrestatum se velle decedere quoad succedendi ordinem, in aliis vero, quæ testamento constituta sunt, suâ uti dispositione, sicuti Curia judicavit, 18. *Martii* 1665. *inter Antonium de Wirh & Guilielmum van Bemmel cum socis.*

II. Quæ autem de mente testatoris ex juris

dispo-

dispositione interpretandâ diximus , non de jure
civili Romanorum , sed de successionis legibus
statuto municipali receptis intelligenda sunt,
quas testator uti jus commune propriæ civitatis
sequi voluisse præsumitur, Peregrinus *de fidei-*
*commiss. artic.* 25. *num. 53.* Clarus §. *testamen-*
*tum quæst.* 76. *num.* 12. Mantica *de Conject. ultim.*
*volunt. libr.* 6. *tit.* 7. *num.* 7. Grassus §. *testamen-*
*tum quæst.* 76. *num.* 12. Deckherus *libr.* 1. *differt.*
11. *num* 20. *& 21.* Unde cum apud Hollandos
testator hæredes sibi legitimos , non expresso
nomine, ad successionem vocasset , motâ apud
nos inter consanguineos lite, non solum fratrum
filios , sed & nepotes ad propatrui hæreditatem
Curia admisit, quia eo usque repræsentatio eorum moribus invaluit , contra quam jure Romano aut in hâc Diœcesi constitutum est , *in d.*
*causâ.*

III. Repræsentatio porro admittenda erit,
etiamsi non tantum legitimos , sed proximiores
sibi testamento hæredes scripserit; dum enim non
explicat testator , quosnam sub nomine proximiores comprehendi velit, vocare censendus est
eos , qui ex juris dispositione & lege patriâ ha-
bentur proximiores ; patruus autem non potest
dici proximior nepote ; nepos enim cum patruo
succedens per repræsentationem cum ipso in eodem gradu existit , Fusarius *de Substitut. quæst.*
485. *num* 3. *verf. respondetur.* Sandius *de Prohi-*
*bit. rer. alienat. part.* 2. *cap* 6. *num.* 27. Knipschilt
*de fideicomm. familiar. cap.* 9. *num.* 27. *& 28.*

Gra-

Gradus ejufque proximitas refpectu ordinis fucceffionis , non refpectu propinquitatis confide-
randus eft, Peregrinus *de fideicomm. artic. 21.*
*num.* 9, 10. *& 17.* Lex ipfa proximos ad hæreditatem vocat , & tamen nepos cum patruo fuccedit; teftator fecundum terminos juris loqui creditur , quibus hi duo æquè proximi cenfentur,
Caftillo *part. 2. Controverf. cap. 20.* Wamefius
*cent. 6. conf. 93.* Mattheacius *de Legat. lib. 2.*
*cap. 6. num. 11.* Fufarius *d. quæft. 485. num. 33.*
*& 37.*

IV. Vocatis per filium proximioribus, ſi qua
parentium pacta extent dotalia ; non ii intelli-
guntur, qui ex lege Patriâ , fed ex pactis proximi
fucceffores defignati funt, ex Curiæ arrefto, Rodenburgh *de jur. quod orit. ex ftatutor. diverfit.*
*tit. 3. part. 1. cap. 2. num. 6.* Sed quid ſi condito
teftamento filius hæredes fibi ab inteftato fuc-
ceffuros fcripferit , in locum autem demortuo-
rûm feu per repræfentationem eorum liberos,
an à pactis dotalibus refiliiffe cenfendus eft , ut
jam proximós ex lege Patriâ , non pactis hæredes
confequatur? Provifionali apud nos judicio decifum fuit; repræfentatione priori vocationi fubjectâ filium à pactis dotalibus parentium non
receffiffe , eofque cum repræfentantibus hæredes effe , quos pactitia defignatio ipfi elege-
rat, D. Wefel *de Pact. Dotalib. tract. 2. cap. 5.*
*num.* 41.

V. Batavus quidam condito in Hollandiâ teftamento ufumfructum bonorum matri reliquit;

quit; proximos deinde sibi sanguine, qui ab intestato successores forent, hæredes scripsit; eo
defuncto mota his fuit, num repræsentatio, quæ
ex Hollandorum legibus patrueles cum amitâ
hæredes declarat, ex hoc testamento porrigenda
fuerit ad bona in iis Provinciis sita, ubi non nisi
fratrum filii repræsentant; Senatus Frisiæ anno
1605, uti etiam Trajectensis anno 1608. ex hoc
elogio in bonis ibidem sitis cum amitâ admisit patrueles, licet eorum moribus extra repræsentationem forent positi, utriusque Curiæ judicata
laudat Sandius *libr.4. tit 8.def.7.* Verius cre-
diderim constituto usufructu quoad reliqua intestati causam esse, & iis derelictam hæreditatem,
quos lex ipsa designat; proximos sibi successores
vocat, sed in bonis Frisicis & Trajectinis amita
proximior est, neque patrueles cum eâ in gradu
successionis pares; in Hollandicis unâ veniunt, non in aliis, quibus à Consuetudine Regionis diversa successionis forma præscripta est,
ita Revisionis apud nos Judicium retractatâ
Curiæ sententiâ solam amitam in bonis Traje-
ctensibus hæredem agnovit.25.*May* 1611. Sandius
*d. def.7. in fine.*

VI. Testator exterus consanguineos testamento vocat; qui si intra decennium non appa-
reant, defunctæ uxoris proximiores instituit;elap-
so tempore soror conjugis hæreditatem petit;
dimidiam partem sibi competere jure repræsentationis regerunt ejusdem ex fratre nepotes; re-
spondet altera proximitatem sanguinis quoad

uxo-

uxorem , non fucceffionis confideraffe teftatorem, cum omnes quoad ipfum fint extranei ; repræfentationem non dari , nifi refpectu eorum,
de quorum hæreditate agitur ; neminem ex ipfis
fanguine teftatorem contingere , cum tamen
vicaria fucceffio non nifi fanguine fundata obtineat; naturæ vinculum, non legis , veritatem,
non fictionem attendendam effe ; militat pro
forore juris ratio, & ita refponfum extat, *part.5.*
*Conf. JCtum Batav.77.*

VII. Maritus uxori omnium bonorum ufumfructum reliquit, vocatis poft ejus mortem proximioribus; fratrum filii per repræfentationem fta-
tim à mariti deceffu cum patruo jus ad hæreditatem nancifcuntur ; tempus non hic inftitutio-
nem, fed ufusfructus folummodo perceptionem
refpicit, Mantica *de Conject. ultim volunt.libr.4.*
*tit.5. artic.10 num.13. poft DD. ibid. allegat.* Purè
debetur, quod non conditione , fed morâ fufpen-
ditur , quoties conditio non poteft non exiftere,
ex Papiniani refponfo *in l. 79. ff. de Condit. &*
*Demonftrat.* Licet itaque hi tempore mortis
ufufructuariæ defecerint , nihilominus nepotes
ex iis & pronepotes tranfmiffionis jure veniunt,
qui alioquin denegatâ repræfentatione fecluden-
di forent.

VIII. Liberorum nomine in teftamentis nepotes & reliqui defcendentes veniunt, *l. 220. ff.*
*de Verb. Signific.* De voce, *kinderen,* an noftro
idiomate plures gradus comprehendat, non una
omnium fententia eft ; ex proprietate verbi
illud

illud illici vix poteſt , cum ad ſingulos gradus
ſpecialia extent vocabula ; Jure etiam Romano
aliter filios , aliter nepotes appellari ait Imperator *in* §. 5. *Inſt. Qui teſtam. tutor. dar. poſſ.* Ex
conjecturis tamen & juſtâ interpretatione nonnunquam in teſtamentis nepotes hâc voce comprehendi pariter ſentiunt , Neoſtadius *ſuprem.
Cur. deciſ.* 59. Coren *conſ.* 14. Sandius *libr.* 4. *tit.* 5.
*def* 10. *& 11.* Groenewegen *ad l.* 201. *ff. de Verbor.
Signific.*

IX. In tranſverſali lineâ rarius obtinet hæc
extenſiva noſtratis vocabuli ſignificatio ; Titius
Cajam ſororem inſtituit , & in caſum mortis ipſius liberos matris loco ; nepotes Cajæ ab hæreditate repulſi ſunt, & ſub voce *kinderen*, in tranſ-
verſalibus non comprehendi judicatum fuit,
Modeſtinus Piſtoris *part.* 3. *quæſt.* 118. Relicto
quoque per teſtatorem fratris ſui liberis legato,
iiſque ſibi invicem ſubſtitutis , ſub vocabulo,
*kinderen,* fratris nepotes non intelligi, ſæpius
deciſum poſt alios refert Alexander Rauden-
ſis *de Analog. libr.* 1. *cap.* 15. *num.* 370.
*& 371.*

X. Quibus vero repræſentationem in lineâ
collaterali ad fratrum nepotes dilatare placuit,
apud illos , quatenus ſeſe ea extendit, compre-
henſiva ſignificatio huic voci tribuenda eſt , nepotes enim hiſce caſibus tanquam filii & tanquam fratres ſuccedunt ; quippe quos lex muni-
cipalis liberorum loco habet , & in ſucceſſione
pro liberis agnoſcit , Leeuwen *in Cenſ. forenſ.*
libr.

*libr. 3. cap. 5. num. 9.* Non quod folâ vi vocabuli
fratrum nepotes in teftamentis veniant ; fed ex
conjecturatâ defuncti mente in cafu hujufmodi
ftatuti comprehenfiva interpretatio profluit,
quatenus teftator præfumitur fucceffionis ab
inteftato ordinem obfervari voluiffe , fi non
aliud teftamento declaraverit ; Unde non eadem
in legatis feu particulari difpofitione , quæ in
inftitutionibus & univerfali fucceffione hujus vocis extenfiva fignificatio eft.

XI. Difceptatum fuit fuper teftamento ab
Hollando Pragæ in Bohemiâ condito, an eadem
iftius vocabuli adhibenda foret interpretatio; verior affirmativa opinio eft; qui enim peregrè aut
revertendi animo alicubi degit , in teftamento
non ad Jus Civile Romanorum , fed ad Patrias
ab inteftato fucceffionis leges, & fic ad proroga-
ta ibidem repræfentationis jura in dubio refpe-
xiffe creditur , quæ quidem generalis invaluit
præfumptio, DD. recenfet Sandius *libr. 4. tit. 8.
def. 7. in med.*

XII. Adjuvat hanc interpretationem nonnunquam ipfa difpofitio ; ita pronepos cum nepotibus ad avunculi magni hæreditatem fub hoc
vocabulo per repræfentationem admiffus fuit,
ne ex contrario fenfu forfitan jure accrefcendi
teftatoris bona extra fanguinem fuum fuiffent
devoluta, Neoftadius *Suprem. Cur decif. 59.* Infti-
tutis quoque fratribus & ex prædefunctâ forore
filio vocatifque, noftro idiomate, parentium loco liberis , rectè ab Hollandis refponfum fuit
etiam

etiam fratrum nepotes comprehendi ; testator enim jam ad eum gradum testamento produxit repræsentationem, *part. 2. consult. 308.*

XIII. Non tantum inter eos, quibus de jure prærogativa repræsentationis competit de hoc vocabulo dubitatio est , sed etiam inter planè extraneos, qui nequidem affinitatis, multo minus sanguinis vinculo testatorem contingunt ; Non tantum in institutionibus , sed in particularibus quòque legatis sæpius liberi in locum prædefuncti parentis vocantur per repræsentationem; ex testatoris enim voluntate ea locum habet, ubi de jure alioquin non obtinet , uti *post Menochium, Decianum , Castillo* observat Censalius *ad Peregrinum de fideicomm. artic.* 21. *num. 22. vers. secundo observo.* Cum autem stricti juris sit præter leges ab homine excogitata repræsentatio , de gradu ad gradum fieri nequit extensio; adeo ut liberi hoc modo per repræsentationem substituti jus nullum ad posteros transmittant; vis comprehensiva hujusce vocabuli extendi non potest ad extraneos aut ad eos , quibus jura successionis non competunt ab intestato , Leeuwen *in Cens. forens. libr. 3. cap. 5. num. 9.*

XIV. Frater sororem instituit & ex altera sorore nepotes, eorumque natos, *der selver geboorte,* in casum mortis parentium loco ; Diversa Practicorum fuère responsa ; nonnulli propter vocis generalitatem omnes descendentes comprehendi , alii in gradu primo seu expresso terminari substitutionem opinati sunt; In dubio quidem, si

non

non aliud conjecturata defuncti mens suadeat, posterior sententia magis placet ; Natorum quidem appellationem ad nepotes extendit Modestinus *in l. 104. ff. de verb. Signif.* Sed de excufationibus à tutelis ibidem sermo est ; quanquam & malè texeum interpres transtulit ; vox enim græca , quâ Jurisconsultus utitur, etiam Latinis liberorum nomen est , uti singulari ad Modestinum libro animadvertit Antonius Augustinus *verf. non solum autem filii.* Remotiores non nati, sed natorum nati sunt ; inter descendentes, & natos nulla foret distinctio ; ab intestato successio hîc repræsentationem non agnoscit, neque satis clarè testator eandem introduxit. Nati etiam *ex* vel *de* aliquo , si vocati fuerint non dati inter collaterales repræsentationem docent Intrigliolus *de Substitut. cent. 3. quæst. 87. num. 24.* Fusarius *de Substitut. quæst. 485. num. 67.* Decisum refert Faber *in C. S. libr. 6. tit. 20. def. 12.*

XV. Hæredes patruus scripsit, & generaliter nepotes vocat, an pronepotes quoque admittendi erunt ? hoc vocabulum secundum nostratium idioma latissimè se extendit & plures omnino gradus complectitur ; nihilominus ii tantum hîc vocari intelligendi sunt , qui ad succesfionem nepotes ipso jure sunt proximi ; quousque scilicet ab intestato repræsentatio procedit; cum enim dilucidius se non explicat testator, neque succedendi ordinem immutat , lex supplet defectum & interpretatur hæredum vocatio-

E                    nem;

nem; quoad successionem in testamentis , non
quoad alium loquendi usum vocabuli facienda
interpretatio est.

XVI. Mevius fratres & eorum liberos hæredes scripsit ; eo satis defuncto nepotes tam ex
fratribus etiamnum in vivis , quam præmortuis
in capita successionem unà petunt ; Judicavit
Hollandiæ Curia nepotes post mortem parentium demum ordine successivo per repræsentationem vocatos intelligi; in dubio enim testator
non simultaneè eos, sed ad modum intestatæ successionis instituisse creditur, *l. 33. §. 6. l. 69. §. 3.
ff. de Legat. 2. l. ult. C. de Verbor. Signific.* Leeuwen
*in Cens. forens. libr. 3. cap. 5. num. 32.* Faber &
Carpzovius *ibid. allegat.*

XVII. Nullum etiam ex fideicommisso jus habent, quos ordine successivo ita per repræsentationem testator vocat, vulgaris enim hæc substitutio est, quæ bonorum alienationem non impe-
dit, & aditâ hæreditate evanescit, *l. 5. C. de impu-
ber. & aliis substitut.* Clarus *§. testamentum
quæst. 80. num. 4.* Cancerius *var. resolut. part. 1.
num. 56.* Quod in nepotibus hoc ordine à patruo hæredibus scriptis judicatum refert Carpzovius *part. 3. Constit. 8. def. 8.*

XVIII. Mater filios duos & ex tertio defuncto nepotes filii loco nominavit ; alter filiorum hæreditate abstinet , ea pars omnibus pro
ratâ prodest ; nepote autem repudiante, soli fratri ejus accrescit portio, quia per repræsentationem unius vice sunt , sicuti ex Gaji & Pauli sententiâ

rentiâ ab inteſtato obtinet, *l.* 11. *§.* 1. *l.* 12. *ff. de boxor. poſſeſſ. contr. tabul.* Gomezius *var. reſolut. tom.* 1. *cap.* 10. *num.* 31. Bellonus *de Jur. accreſcend. cap.* 5. *quæſt.* 47. *num.* 20. *& ſeqq.* Thomas Papillonius *de Jur. accreſcend. pag.* 46. *& 47.*

XIX. Sejus fratrem & ex altero fratre nepotes hæredes inſtituit , num in capita an vero in ſtirpes per modum repræſentationis diviſuri ſunt? ſemiſſem frater, ſemiſſem fratris filii habebunt ex Ulpiani reſponſo *in l.* 13. *ff. de Hæred. inſtituend.* Verum eſt, inquit Celſus, quod Proculo placet duos eſſe ſemiſſes , quorum alter conjunctim duobus datur, *l.* 59. *§.* 2. *ff. eod. l.* 9. *ff. de Vulgar. & Pupillar. ſubſtit.* Niſi tamen in capita hæredes aut *æquè* ſuccedere teſtator juſſerit ; eo enim caſu non obſtat , quod collectivo nomine vocati fuerint, quominus viriles portiones conſequantur, *l.* 9. *§.* 12. *l.* 13. *ff. de Hæred. iuſtit.* Mantica *de Conject. ultim. volunt. libr.* 4. *tit.* 11. *num.* 6. Ita reformatâ Curiæ ſentenⁱiâ in caſu repræſentationis apud Friſios declaravit Reviſionis judicium, Sandius *libr.* 4. *tit.* 5. *def.* 19. *in fin.*

XX. Quod ſi fratrem & ex fratre altero nepotes non collectivo ſed proprio nomine vocaverit, in capita, non in ſtirpes abſque dubio ſucceſſuri ſunt , Gomezius *ad Leg. Taur.* 8. *num.* 16. Choppinus *de Morib. Pariſ. libr.* 2. *tit.* 4. *nu.* 9. Decium refert Afflictus *deciſ.* 309. ubi addit Idem juris eſſe , etiamſi nominibus propriis &

appel-

appellativo fimul nepotes teftator hæredes fcripferit; communius tamen placuit diftinctio , ut fi
in teftamento nomen appellativum, *nepotes*, poft
nomina propria adjectum fit , in capita cum patruo admittantur , fin autem poft nomen appellativum nomina propria teftator expreffcrit , in
ftirpes vocati cenfeantur , eo enim cafu ad de-
monftrationem tantum hæc verba appofita in-
telliguntur , Menochius *de Præfumpt. libr. 4.*
*cap. 18. num. 30. & feqq.* Maulius *de Ultim. vo-*
*luntat. libr. 1. cap. 18. verf. declaratur feptimo.*
Barry *de Succeff. libr. 2. tit. 7. num. 1. verf. fexta*
*eft.*

XXI. Soror fratrem & ex defuncto fratre
nepotem fpurium fibi hæredes nominat, an fub-
fiftet difpofitio ? Ex more quidem Regionis judicandum eft , an turpis perfona cenfeatur naturalis, ut inofficiofi teftamenti querela competat;
verum hæredis inftitutio difficultatem hic tollit;
fratri fupremis tabulis nominato , etiam turpi perfonâ inftitutâ, non nifi ad legitimam ejusve
fupplementum datur actio , ne melior fit ipfius,
quam defcendentium conditio , DD. enumerat
Barbofa *ad l. 27. C de Inoffic. teftam. n. 10.* Senatus Neapolitani arreftum exhibet Afflictus
*decif. 204.*

XXII. Nobilis quidam fratrem exhæredat
& nepotem per repræfentationem patris loco
hæredem fcribit, adjectâ causâ quod graviffimas
à fratre fit perpeffus injurias; impugnatur elogii
emor; præteriri fcilicet fratrem indictâ causâ

leges

leges permittere, non injuftè exhæredari cum vi-
tuperio & exprobratione; ratione exhæredatio-
nis expreſsâ factorum probationem requiri.
Quamvis potior foret nepotis cauſa, publicè
etiam de litibus & inimicitiis conſtaret, nihilominus Curia Pariſienſis ſententiæ loco tempe-
randam controverſiam rata, poſthabitâ exhære-
dationis clauſulâ, proprietatem bonorum nepoti, uſumfructum patri adjudicavit, Le Bret *libr.*
*3. deciſ.1.* Qiæ quidem ex judicantium arbitrio,
non jure ſententia eſt.

XXIII. Teſtator fratres generali vocabulo,
non per nomina propria inſtituit, an nepotes
venient? Ab inteſtato quidem inter fratres ſuccedunt ex legis vocatione, ſed in ultimis voluntatibus in nepotes illud verbum non quadrat; non
dari hoc caſu repræſentationem rectè poſt alios
docet Gomezius *ad Leg. Taur. 8. num. 17.* ubi ex
Angelo ita deciſum refert.

XXIV. Repræſentatio inter tranſverſales ſta-
tuto excluſa validè teſtamento introducitur.
Nonnulli requirunt conſenſum eorum, quorum
intereſt; alii vero ſimplici teſtatoris declaratione
contenti ad cauſam inteſtati Conſuetudinem re-
ſtringunt. Si non prohibitionis modo hujuſmodi conſcriptâ lex eſt, ad teſtamenta non pertinet, ſed ordinem ab inteſtato ſuccedendi ſolummodo deſignat, Montholon *arreſt. 125.* Brodeau *ad Lmet lit. R. cap 9.*

XXV. Ubi teſtamenti factio quoad bona
omnia non obtinet, inſtitutis per repræſentatio-

E. 3 nem

nem cum patruo nepotibus , valet nihilominus
per modum legati difpofitio , & reducitur ad
illud , quatenus de confuetudine teftari liceat,
Molinæus *ad Conf. Blefia General. art. 6.* Choppinus *de Morib. Parif. libr. 2. tit. 4. nu. 8. in princip.* Peleus *quæft. illuftr.* 29. Charondas *libr.*
11. *arreft.* 140. Duret *ad Conf. Aurelian.*
*art.* 327.

XXVI. Pater inftitutâ in legitimâ filiâ , nepotes matris loco cum filiis hæredes fcribit ; illa fe
læfam rata fupplementum legitimæ poft mortem
patris ab hæredibus petit ; refponfum fuit non
totius hæreditatis , fed nepotum hoc onus effe,
quibus materna portio teftamento obtigerat,
ad fervandam ex defuncti elogio inter liberos
æqualitatem , Carpzovius *libr.* 6. *tit.* 5. *re-
fponf.* 47.

---

# CAPUT VI.

## De Repræfentatione in fideicommiffis.

I. *Quoufque Repræfentatio locum habeat in
fideicommiffis.*
II. *Diftinctio vocationis ex verbis.*
III. *De graduum confideratione.*
IV. *De claufulâ , falvâ gradus prærogā-
tivâ.*
V. *Conftituto ad certum gradum fideicom-
miffo,*

*miſſo, num quoad alienationis prohibitio-
nem gradus ſanguinis, an vero ſucceſſionis
intelligendus ſit.*

E 4

*omissi cum patruis quandoque in fideicom-*
*missis succedunt.*

I.  Ommunius placuit admittere repræsentationem in fideicommissis ab
ascendente vel patruo sub nomine
plurium graduum collectivo relictis,
sin vero de succedendo aliis transversalibus agitur, cessare in fideicommissis repræsentationem, ita Florentiæ decisum narrat Marzarius
*de Fideicomm. part. 2. quæst.*18. à Senatu Sebusiano, Faber *in C. S. libr. 6. tit. 20. def. 8. & 10.* ab
Audientiâ Barensi, Vivius *decis.* 418. à Scabinis
Lipsiensibus, Carpzovius *part. 3. Constit. 8. def. 26.*
Hanc opinionem Frisiæ Curiam sequi refert
San-

Sandius *de Prohibit. rer. alienat. part.2. cap.6.
num.24.* Plurimos ejusdem sententiæ authores congesserunt Mantica *de Conject. ultim. volunt. libr.8. tit.9.* Intrigiolus *de Substitut. cent. 3. quæst.87.* Castillo *Controv.libr.3 cap 19.num.219.* Fusarius *de Subsitut.quæst.485.* Barry *de Succeß. libr.8. tit. 7. num. 4.* Præsumitur testator ex mente legis ad fideicomm ssum vocare eos, quos patria Consuetudo hæredes constituit ; Dum verbo plurium graduum collectivo utitur , lex ipsa suppeditat, quinam sub legitimo *descendentium, familia, posterorum* vocabulo successores intelligendi sint ; Nepos non minus,quam patruus hoc nomine comprehenditur ; in fideicommissis quidem proximitas gradatim attenditur , *l. 32. §. 6. l.69. §. 3. ff. de Legat.2.* Sed in ordine successionis nepos ex lege cum patruo æquè proximus est ; præterqham quod leges allegatæ Papinianum & Modestinum authores habent , quorum tempore inter transversales nondum obtinuerat repræsentatio,Sandius *d.cap. 6.num.27.*

II. Sin autem nominibus propriis successores testator constituit, aut per nomina appellativa non plurium sed unius tantum gradus comprehensiva,veluti*filios,fratres,nepotes,* eosdem vocaverit; censebitur exclusa repræsentatio; seipsum jam explicuit testator ; neque ex lege inferri potest repræsentatio , dum ipse aliter ,quam lex loquitur ; ubi verbis plurium graduum collectivis simul & testator & lex utitur , interpretatio

E 5 &con-

& conjectura ex lege recté petitur , cum jam eadem hominis, quæ legis vocatio est ; quod hoc casu secus obtinet ; unanimiter itaque DD. tradidére repræsentationem denegandam esse, de vi comprehensivâ vocis *filii* solummodo disputantes , eleganter Ludovicus de Casanate *consf.*59. *num.*3. *& seqq. post Menochium, Valascum, Parisium, Covarruviam, Belloxum, Acostam alleg.* latè Gratianus *Disceptat. forens. cap.*629. *num.*16 *& seqq.*

III. Proximitás non semper ex sanguine , sed quandoque etiam ex successione desumitur; Nepos cum patruo in eodem successionis gradu est, Peregrinus *de fideicomm. art.* 21. *num.*9. *&* 10. Mantica *de Tacit.& ambig. convent. libr.*22. *tit.* 18. *num.*7. Fusarius *de Substitut. quæst.* 485. *num.* 2. *verf. & respondendo.* Sanguinis gradus extensivus dicitur fieri intensivus ratione repræsentationis, Mattheacius *de Legat. & fideicomm. libr.*2. *cap.*8. *num.*6. Primogenitus & reliqui fratres quoad sanguinem pares sunt ; quoad successionem tamen , ubi ex lege municipali non concurrünt, hic in primo, illi in secundo gradu positi dicuntur , Fusarius *de Substitut. quæst.*357. *num.*3. Deckherus *libr.*1 *differtat.*11. *num.*24.

IV. Quod si successores *salvâ gradus prærogativâ* testator sibi scripserit , quamvis ex legis beneficio in eodem gradu positus cum patruo censeatur nepos , gradusque repræsentari , non corrumpi dicatur , nihilominus repræsentationi ex hâc clausulâ derogatum judicabitur ; nullius

allo-

alioquin effectus hæc verba forent, cum tamen è
converso ex naturali significatione exclusionem
vicariæ successionis operentur ; nullo alio sensu
hæc adjicere potuit testator, quam ut naturalem
graduum veritatem amplexus fictionem legis
à successione suâ secluderet ; graduum distinctionem tollit & supplet repræsentatio ; gradus
autem hîc reverâ attendi expressè testator jubet,
uti etiam relatis in utramque sententiam DD.
& argumentis concludit Robles *de Repræsentat.*
*libr. 3. cap. 10.* Gratianus *Disceptat. forens. cap.*
*419. num. 24.* Barbosa *de Clausul. cap. 158.* Judicatum tradit Paschalis *de Viribus. patr. potest. part. 4.*
*cap. 9. num. 26.*

V. Constituto fideicommisso ne durante secundo consanguineorum gradu bonorum fiat
alienatio ; contigit ex duobus fratribus in secundo gradu positis ante fideicommissi perceptionem alterum decedere, relicto tamen filio ; quæsitum fuit an onus testamento impositum etiam
hunc tangat, cum per repræsentationem secundum gradum occupet, licet in tertio positus? ad
favorem, non ad gravamen repræsentatio inservit. Ex fideicommisso quidem filius hæreditatem consequitur, sed in eo gradu, ubi alienationis prohibitio accepit finem ; sanguinis, non successionis gradus hîc considerandi sunt ; quod
si contrarium statuas, duo patrueles respectu
testatoris in eodem tertio gradu positi, si pauco
post tempore moriatur patruus, unus cum fideicommissi onere, alter liberè bona capiet ex unâ
eâdem-

eademque vocatione & testamento ; mors paterna filio onus imponeret, non voluntas testatoris
ab initio formata ; in secundo gradu per repræsentationem lex filium ponit, non testator ; ab
elogio autem, non lege emanat alienationis prohibitio ; Stricti juris & odiosa quoad gravatum
censetur fideicommissi conditio , neque temerè
ejus capienda præsumptio est, Thessaurus *decis.*
*648. num.8.* Intrigliolus *de Substitut. cent. 3.*
*quæst.75.* Faber *in C. S. libr 6. tit.18. def.4.* Castillo *de Conject. ultim. volunt.libr.4.cap.9 num.2.*
Revisionis apud nos Judicium , confirmatâ Curiæ sententiâ , filium horum bonorum absque
onere hæredem declaravit, 15. *May 1672. in causâ*
*van Johan Gerobulus cum socio Impetranten van*
*revisie ende Mr Willem de Gruyter Raed Ordina-*
*ris albier cum socio qua' q' gedens.*

VI. In fideicommissis ab avo vel patruo relictis, ubi de repræsentatione agitur, gravantis, non
gravati proximitas spectanda est , Menochius
*libr.2.consf.124.* Mantica *de Conject: ultim. volunt.*
*libr.8.tit.12. num.39. & 41.* Joan. Francisc. Andreolus *Controv.143. num.14.* Barry *de Succesf:*
*libr.8 tit.7. num.9.* Testatori enim, non hæredi
gravato succeditur , *l.84. ff. de hæred. instit.l.41.*
*§. 3. ff. de Vulgar. & pupill. substit.* Verior sententia est in fideicommisso simplici , aut quod
semel tantum deferendum est instar vulgaris
substitutionis, proximitatem testatoris spectan-
dam esse, secus quam in fideicommisso perpetuo
aut per varios gradus successivo obtinet , Mat-
thea-

theacius *de Legat.libr.2. cap.15. num.18.* Flores de Mena *Practic. quast. libr.1 quast.19. num.28.* Barry *de Succeff d. tit.7.num 45.* Mean *ad Jus Leodienf. obferv.74. num 17.*

VII. Extra omne autem dubium eft teftatoris proximitatem in fideicommiffis fpectandam effe, fi ut plurimum fieri folet, pronomina meus vel fuus poft hæredum vocàtionem adjecta fuerint, Mainardus *libr 5 decif 52 nu. 1.* Theffaurus *decif.64.in fin.* Forfterus *de Succeff. ab inteft.libr.3. cap.30.n.20.*

VIII. Si vero proximiores nominatim aut exprefsè non vocaverit teftator, fed alienationem folummodo bonorum interdixerit, gravati proximitas inter teftatoris confanguineos præferendà erit,nihil enim quoad fucceffionem, fed tantum quoad alienationis prohibitionem difpofuit, Leeuwen *in Cenf forenf libr.3. cap 8. num. 11. poft Clarum, Peregrinum, Caftillo ibid.allegat.* Sempronia inftituto filio & defunctorum filiorum nepotibus, teftamento declaravit fe nolle bona fua devolvi extra gradum cognatorum fuorum ; eâ defunctâ unus nepotum moritur ; contendunt fuperftites cum patruo de hæreditate; judicavit Frifiæ Senatus in hujufmodi nepotis fucceffione fideicommiffariâ patruum patruelibus præferendum effe denegato repræfentationis jure; gravato enim, non teftatrici fuccedit, quippe quæ tantum caverit, ne bona fua in extraneos tranfmitterentur, fuccedendi ordine juris communis difpofitioni relicto, quo patruus

ab

ab hæreditate patruelem secludit, Sandius *libr. 4. tit. 5. def. 6.*

IX. In fideicommissis ab avo constitutis, ubi proximiores vocati fuerint, plurium filiorum nepotes defuncto sine liberis patruo, non in capita sed in stirpes veniunt, cum gravanti avo ita ab intestato successissent, judicatum refert Mean *ad Jus Leodiens. observat. 74. num. 15.*

X. Mevius filios suos hæredes instituit, & si sine liberis decedant, filiam suam & ipsius hæredes iisdem substituit; moritur filia relictis filiabus & ex prædefuncta filia neptibus; decedit masculorum ultimus improlis; filiæ exclusis neptibus se proximiores arbitrantur, quia hæredis appellatio primum continet, *l. 8. §. 1. ff. de Vulgar. & pupill. substit. l. 70. vers. veluti, ff. de Verb. Signific.* Neptes hæredum vocabulo se quoque comprehendi regerunt, cum hæredis hæres eo etiam nomine venit, *l. 65. l. 170. ff. de Verb. Signific.* Parlamentum Burdigalense neptes exclusit, admissis solis filiabus, Autumnus *en sa conference ad l. 70. ff. de Verb. Signific.* Mihi potior censetur neptium causa, dum cum materteris admitti postulant; non enim de avunculi magni hæreditate agitur, cui per repræsentationem succedere nequeunt, sed de fideicommisso simplici, non successivo per avum relicto; cujus ab intestato cum materteris sunt hæredes.

XI. Patruus sub nomine collectivo fideicommissum relinquit; quomodo hæreditas dividetur? si fratres tempore mortis supersint, in stirpes facienda

cienda divifio eft , per repræfentationem enim
tanquam ab inteftato fucceditur; in capita vero
fi nepotes foli exiftánt, cum jam ex propriâ perfonâ ad fideicommiffum invitati intelligantur,
judicatum profert Faber *in C. S. libr. 6. tit.20.
def. 11.*

XII. Inftituto hærede filio unico parens teftamento cavit, ut fi fine liberis decedat, ad proximiores revertatur hæreditas ; exiftente fidef-
commiffi cafu teftatoris foror , uti amita &
proximior hæres defuncti patrimonium petit,
feclufis ex fratre Sempronio nepotibus ; caufam
è contrario illi agunt , ut licet defuncto patrueli
per repræfentationem fuccedere nequeant , in
fideicommiffis tamen difparem effe rationem,
ubi non defuncti hæredis , fed gravantis patrui
proximitas fpectanda veniat , cui ex repræfentationis privilegio fimul cum amitâ fucceffores forent, pro nepotibus decifum narrat Mean *ad Jus
Leodienf. obferv. 74. num. 14.*

XIII. Teftator fratrem Titium hæredem
fcripfit, & fi fine liberis decedat, fanguine proximos eidem fubftituit ; Tres ex alio fratre nepotes tempore mortis teftatoris fuere proximi ; ex
his duo relictis liberis ante hæredem inftitutum
decedunt ; quæfitum fuit an parentium loco hi
quoque cum nepote feu patruo fuo ex fideicommiffo fuccedant; pro exclufione ftat juris ratio;
cum enim ultra fratrum filios fe non extendat
vicaria fucceffio , juris fictione proximi cenferi
nequeunt, nifi in iis locis, ubi jus iftud fe ulterius

porri-

porrigit , Fufarius *de Subftitut. quæst.*485. *num.*
128. Ex parentis autem tranfmiffione nihil juris habent , quandoquidem fideicommiffum ad
eos folummodo pertinet, qui tempore exiftentis
conditionis reperiuntur prox:mi in vivis, *l. 4. l.*
25. *ff. Quando dies legator.* Faber *in C.S. libr.*6.
*tit.*20 *def* 13.*& 38.* Noodis *de Transmiffion. eas.*1.
*numer* 2. *& feqq.* Chriftinæus *vol.* 4. *decif.* 33.
*num.*6.

XIV. Cum itaque in fideicommiffis tempus
evenientis conditionis fpectetur, confequens eft
etiam nondum conceptos aut tempore mortis
teftatoris natos per repræfentationem fuccedere, Mantica *de Conject ultim. volunt. libr.*8. *tit.*9.
*num.* 11. Barry *de Succeff. libr.* 8. *tit.*7. *num.*5.
Quòd enim in fucceffionibus requiritur , ut quis
tempore mortis , de cujus hæreditate agitur, in
vivis fuerit , *l.* 1. *§. 8. ff. Unde Cognat. l.*6. *ff. de*
*Suis & legitim. hared* De intestati fucceffione,
non fideicommiffo conditionali intelligendum
eft, in quo fufficit tempore exiftentis conditionis
natum effe , Molina *de Primogen. Hiffpan. libr.*1.
*cap.*6. *num.*49. *Alexander, Decius, Molinaus ibid.*
*allegat.*

XV. Cajus plures habens liberos , eofdem
hæredes inftituit, eofque invicem fubftituit, fi fine
liberis decedant ; primus relictâ fobole moritur ; decedit alter fine prole ; quæritur an frater
tertius fecundo fuccedet, feclufo nepote ex fratre
primum defuncto ? Juris difpofitioni non reliquit teftator fuccedendi ordinem , fed ipfe
definit

definivit, dum expressè de primâ tantum successione loquitur ; contra nepotem pro patruo judicavit Sabaudiæ Senatus, nullo repræsentationis
jure dato , Faber *in C.S. libr.6. tit.20. def.24.*
Idem Curia Tholosana censuit , uti refert &
exornat Simon d'Olive *libr. 5. notabil. quæst.
cap.25.*

XVI. Institutis per nomina propria liberis
aut fratribus , & eorum descendentibus appellativo vocabulo substitutis , nepotes cum patruo
haud admittendos esse nonnulli tradidere , ex
eo quod successivè demum vocati censeantur,
quia primo venire debent , qui expressè scripti
sunt, *l.32. §. 9. ff. de Legat.2. l.57. §. 2. ff. ad
SCtum Trebell.* Mantica *de Conject.ultim.volunt.
libr.8. tit.9. num.8.* Intrigliolus *de Substitut.
cent.3. quæst 87. num.22.* Sed rectius aliis contrarium placuit , sive enim per ipsam vocationem
& accrescendi jure, sive per vulgarem succedere
eos velis , utrobique defuncti locum seu portionem occupant , & cum patruo hæreditatem dividunt,ita à Senatu Sebusiano , Parlamento Di-
vionensi & Frisiæ Curiâ judicatum fuit , post
Fabrum & Bouvot Sandius *libr.4. tit.5. def.3.*
Idem confirmant Peregrinus *de Fideicomm. art.
21. num.31.* Joan.Francisc. Andreolus *Controv.87.*
Robles *de Repræsentat. libr.3. cap.9. num.17.
& seqq.*

XVII. Pater instituto filio , filias duas & ex
tertiâ nepotes substituit ; post mortem parentis
relictis quoque liberis filiarum altera decedit;

defun-

defuncto hærede filio nepotes omissi cum reliquis substitutis admitti postulant; eos per sententiam judicis fuisse exclusos ex Arismino Tepato
notat Barry *de Success. libr. 8. tit. 7. num. 10.* In
dubio extensionem in fideicommissis non dari
communiter placuit, *l. 16. §. 3. & 4. ff. de Testament.
tutel. l. 10. ff. de Liber. & posthum.* Nihilominus
ad servandam inter liberos æqualitatem & ut
substitutio per institutionem explicetur, hos nepotes testamento includi tradunt Ruinus, Gabrielius, Mantica, aliique quos sequitur Noalis
*de Transm. cas. 1. n. 156.* Directa, non transver-
salis hic fideicommissi successio est; par & æqualis omnium ratio, respectu bonorum, persona-
rum, sanguinis & affectionis; declaravit testator
liberos parentium loco comprehendi, dum per
repræsentationem ex prædefunctâ filiâ nepotes
vocat; noluit succedendi ab intestato ordinem
invertere; quoad verba, non quoad sensum
omissio est; & avi & avunculi ex suo capite hæredes sunt; contraria autem fideicommissi interpretatio non tantum negativè eos non admitte-
ret, sed positivè à legitimâ successione remove-
ret, contrà quam à Papiniano responsum est,
*l. 102. ff. de Condit. & demonstr. l. 30. C. de Fi-
deicomm.*

XVIII. In bonis ad quæ perpetuo in familiâ
primogenitus testamento vocatus fuerit, patruum antevertit nepos, uti post acerrimas DD.
altercationes jam receptior opinio est; ita vocato majore de familiâ Lex 40. Tauri apud Hispanos

nos primogenia interpretatur. In hisce Regionibus repræsentatio ad concursum, non ad patrui exclusionem prodest; Testator ad leges patrias respicere intelligitur, quæ nusquam in individuis pro filio nepotem censent; familiæ quidem conservatio præcipuus scopus est, ubi non tam ætas personæ, quam ordo consideratur lineæ; sed & in feudis eadem militat ratio, ubi nihilominus repræsentatio etiam in descendentibus ex asu nulla est; Major & primogenitus vocabula sunt, quæ non nisi ex fictione nepotem comprehendunt; cum autem Mores nostri repræsentationem in individuis non agnoscunt, fictitia interpretatio ex iis ceu lege patriâ in testamentis peti nequit.

XIX. Nepos avito testamento cum avunculo hæres sub onere fideicommissi scriptus Legitimæ & Trebellianicæ detractionem habet, quia primum obtinens locum parentis vice succedit; quamvis autem communior DD. opinio inter gravatum purè & sub conditione vel in diem distinguat, receptius tamen est utroque casu idem dicendum esse; ita apud nos usus observat; eodemque modo inter avunculum & nepotes per repræsentationem aviæ hæredes judicavit Hollandiæ Curia, Neostadius *decis.* 17. Ita à Senatu Frisico decisum scribit Sandius *libr. 4. tit.* 7. *def.* 4.

XX. Trebellianica autem in nepotibus validè prohibetur; extensionem ultra filios filiasque Zenoniana Constitutio non patitur, *l. Jubemus*

6. §. 3. *C. ad SCtum Trebellian.* Clarus §. *testa-*
*ment. quæst. 63.* Intrigliolus *de Subsitit. cent. 3.*
*quæst. 71. n. 109.* Mangillius *de Imputat. quæst.* 116.
*n. 35.* Neque causam invertit repræsentatio,
quasi jam nepos cum patruo succedens eâdem
portione & jure gaudeat, quibus parens frueretur
in vivis; privilegium enim gradui duntaxat concessum ad nepotem non transit, licet filium re-
præsentet, Grammaticus *decis. 1. n. 5.* Nulla differentia est, an Nepotes cum thiis concurrant,
an vero soli sublatis filiis avo succedant, utroque
enim casu primum occupant gradum; deinde
non tantum nepotibus, sed omnibus indistinctè
descendentibus hoc modo quoad Trebellianei-
cam jus idem competeret, cum in iis finem non habeat repræsentatio.

XXI. Illud de quartarum computatione obi-
ter addendum est, Legitimam & Trebellianicam
in hâc Diœcesi pro numero liberorum septuncem
cum semunciâ quandoque efficere, uti etiam decisum est inter hæredes Petri & Anthonii Soll,
17. *Octobr.* 1664. Idem judicatum fuit apud
Pedemontanos, Thessaurus *decis. 252.* Avenio-
nenses, Hieronim. à Laurentiis *decis.* 147. Pata-
vinos, Peregrinus *de Fideicomm. art. 3. num. 56.*
Frisios, Sandius *libr. 4. tit 7. def. 7.* Apud Hollandos autem receptum est nunquam semissem
excedere duplicis quartæ detractionem, Groenewegen *ad Grotium libr. 2. part. 20. num. 19.*
Leeuwen *in Cens. for. libr. 3. cap. 9. num. 11.*
Quod & alii statuunt, ne plus commodi gravatus
quam

quam honoratus confequatur , Grivellus *decif.* 107. Padilla *ad Auth. rei qua C.Commun. de Legat.num.40.* Francifc.Kinfchotus *refp.19.nn.18.* Deckherus *libr.1.differt.14.def.3.*

XXII. De fructuum imputatione, ubi Trebellianica competit,non levis dubitatio eft ; Nepotes cum avunculo ad filiorum conditionem redactos lex cenfet, *l.6. §.1. ff. de hæredib.inftit.* & jam æqualis portio inter eos ex lege & teftatoris judicio competit, *Novell.*118.*cap.1.* Inæqualitas autem inde refultaret, fi fructus ex fideicommiffo percepti nepotibus , non autem avunculo in Trebellianicam portionem imputandi forent ; In Concilio Leodienfi pro nepotibus tractatum refert Mean *obfervat.* 488. Quoties iidem primo loco fuccedunt , parente ante avum defuncto , fructuum imputationem non admitti docent Molinæus, Menochius aliique, quos citat Mangillius *de Imputat. quaft.*125. *num.20.* Gratianus *Difceptat. forenf.cap.*265.*num.30.* & *feqq* Græveus *concl.*133. *in fine.* Vinnius *libr.2. quaft.29.* Judicata referunt Ferrerius *ad Guidon. Papanum decif.*51. Mainardus *libr.5. decif.* 51. Durantus *Cur.Tholofan. quaft.*121. La Roche *libr.6. tit.63. art.12.* Contrarium fuprà relata argumentatio & expreffa legis verba evincunt, conceffo folis primi gradus liberis hoc privilegio,adeo ut nepotes proximitate fanguinis deftituti , fictione gradus à fructuum imputatione liberari nequeant , Peregrinus *de Fideicomm. art.*49. *num.62.* Merlinus *de Legitim. libr.2.*

*tit.2.quæst.32. num.48.* Barry *de Succeſſ libr.15. tit.5. num.6.* Idque moribus noſtris receptum eſt ; & deciſum narrat Vivius *libr.3. deciſ.402.* Faber *in C. S. libr.6. tit.25. def.14.* Chriſtinæus *vol.1. deciſ.318. num.36.* Sandius *libr. 4. tit.7. def. 6.*

XXIII. Idem eſto ſudicium de cautione reſtituendi fideicommiſſi, quam Zeno liberis primi gradus eâdem Conſtitutione remiſit ; nepotes enim detractâ legitimâ cautionem præſtare tenentur, etiamſi ſublatis è medio parentibus primum obtineant locum, Curiæ Grationopolitanæ arreſtum noviſſimè exhibuit Joannes Guido Baſſetlus *libr. 5. tit.9. arreſt.2.*

XXIV. Cum per repræſentationem nepos ab avo ſub fideicommiſſi onere cum amitâ ſcriptus eſſet hæres, prohibitâ Trebellianicâ, & fructuum uſu ad triceſimum annum ſuſpenſo, fato fungitur ; mater ipſi ſuperſtes legitimam ex avitis filii bonis petit ; objicitur de bonorum reverſione pactis dotalibus adjecta ſtipulatio, quâ legitimæ etiam renunciatum mores interpretati ſunt, Neoſtadius *de Pact. Antenupt. obſerv.2. & 3.* Rodenburch *de Jur. quod oritur ex ſtatut. diverſ. tit.3. cap.2. num.4. & 5.* Nihilominus pro matre pronunciatum fuit ; inverſo ſucceſſionis ordine & fideicommiſſo hæreditati impoſito à dotali conventione recedicur ; ſuo, non alieno facto hæreditate filii ſe privari conſenſit mater; renunciatio autem vel pactum dotale non jam ipſam excludit, ſed fideicommiſſi introductio;

ex

ex Trebellianicæ & fructuum prohibitâ perceptione enixa ad matrem submovendam avi pa-
tescit operatio ; Pactorum dotalium, quibus Ipse
subscripsit , ab intestato quoad successionem
nulla efficacia est, substitutis ab eo per fideicommissum hæredibus ; alterato proindè pacto ejus
quoque vigor subvertitur , neque remanet in
suo statu renunciatio ; reversionis bonorum clau-
sula in excludendis parentibus, uti odiosa, stri-
ctissimam ex usu semper obtinuit interpretationem. Patrem quoque pactis dotalibus à successione seclusum, condito testamento hæredem
esse, neque removeri, licet filius eosdem instituerit , qui antenuptiali conventione designati forent, adstruit D. Wesel *de Pact. Dotalib. tract. 2.*
*cap. 5. num. 34. & seqq.*

XXV. In fideicommissis repræsentationi in
dubio locus non datur, Intrigliolus *de Substitut.*
*cent. 3. quæst. 87. num. 2.* Casanate *cons. 59. num.*
*17. & seqq.* ubi de moribus Arragonum idem
tradit. Generaliter eam nunquam præsumi judicatum refert Ciarlinius *Controv. forens. cap. 81.*
Sed rectius distinctio causam dirimit, ut in dubio
ea, tanquam jus nostrum commune & municipa-
le, admittatur , ubi ab intestato locum habet,
aliis vero casibus in fideicommissis deneganda
judicetur, uti post Castillo scripsit Fusarius *de Sub-*
*stitut. quæst. 485. num. 131.*

XXVI. In testamentariis dispositionibus &
fideicommissis strictè loquendo repræsentatio
quidem nulla est , sed ex præsumptâ defuncti

F 4 men-

mente potius jus propriæ vocationis ; & testatoris dispositio ad hæreditatem per modum repræsentationis dividendam; Casus autem & con-
jecturas repræsentationem in fideicommissis admittentes aut denegantes latissimè discutiunt
Mantica *de Conject. ultim. volunt. libr.8. tit.9.*
Menochius *libr 4. præsumpt. 95.* Peregrinus *de
fideicomm. art.21.* Intrigliolus *de Substitut. cent.
3. quæst.87* Petra *de Fideicomm. quæst. 11.* Mattheacius *de Legat. libr.2. cap.6.* Faber *de Error Prag-
matic.* decad.5;. error.6. *& seqq.* Fularius *de
Substitut. quæst.485.* Barry *de Succeff libr 8.
tit.7. num 5. & seqq.* Tomasius *de Primogenitur.
tit.10. cap.3.* Robles *de Repræsentat. libr.3. cap.8.
& 9.* Censalius *in observat. ad Peregrinum de
fideicomm. d. art.21.*

---

# CAPUT VII.

## De collatione seu imputatione in casu repræsentationis.

I. A nepotes patrem repræsentando in avitâ hæreditate conferunt, quæ parens vivus conferre teneretur, *l. 17. l. 19. l. 20. C. de Collation.* Zans *de Divis. bonor. libr. 4. cap. 13. num. 44.* Brunnerus *de Collation. cap. 3. num. 113. & 114.* Nam è converso thiis in in commodum ipforum idem propter repræfentationem incumbit, *d.l.19.verf.talem.* Gome zius *ad Leg. Taur.29.num.6. verf.octavo.* Valafcus *de Partition.cap.12.num.53. & feqq.*

II. Quod fi veró à paternâ hæreditate abftineant & nihil ex rebus conferendis ad ipfos pervenerit, ceffare collationem, licet per repræfentationem cum patruis avo hæredes exiftant, latè tractat Herbajus *Rer. Quotidian cap.9.* Judicatum refert Valafcus *d. cap 12. num.63.* Vir bonis, inquit Jurifconfultus, non arbitrabitur id conferendum, quod quis nec habuit, nec dolo aut culpâ defiit habere, *l.2. §.2. ff. de Collat.honor.l.6. C. de Collation.* Verum patrui hoc cafu in gratiam nepotum conferunt, DD. *ad l 19. C. de Collation.* Æquitas itaque poftulat, ut idem fit nepotum, repudiatâ paternâ hæreditate, onus quo partem in collatis thii quoque confequantur; nepotes paternum intrantes gradum tantam capiunt portionem, quantam parens vivus habuiffet, *Novell.118.cap 1.* Juftiniani Conftitutio non diftinguit an nepotes parentium fint hæredes, nec ne; vel an aliquid de datis acceperint, & nihilominus generaliter collationem iifdem injungit, *l.19. C. de Collation.* Apud nos olim nepotes avo hæredes non erant, donec repræfentationis privilegio in lineâ rectâ per Carolum Quintum introducto ad avitam hæreditatem demum vocati fint. Non præfumitur Imperator repræfentationis beneficium nepotibus indulfiffe, relicto collationis incommodo

thiis

thils, qui omnem antea hæreditatem foli jure occuparant ; Neque ulla ratio fuadet ut melioris conditionis nepotes , quam ipforum parentes cenfeantur ; Major æquitas eft ut factum parentis dilapidantis filio, quam fratribus præjudicet, adeo ut nepotum portioni hæc juftius imputentur, Berlichius *part.2. deeif.247. num.14.& feqq.* Barry *de Succeff.libr.14. tit.4. num.5.* Heigius *part.1. quaft.24. num.37.* Mean *ad Jus Leodienf. obferv.71. num.17. & feqq.* Vinnius *de Collation.cap.12.num.1.* Pro collatione etiam , licet nepotes paternam hæreditatem repudiaverint, judicavit Curia Parifienfis , Choppinus *de Privileg.Rufticorum libr.3 part.3.cap.9. num.1.* Tholofana, Mainardus *libr.8. cap.58.* Sabaudica, Faber *in C.S.libr.2. tit.3. def.17.* Mechlinienfis, Chriftinæus *vol.4. decif.2. num.7.* Ita apud Armoricos decifum refert Belordeau *ad Confuet. Britann.art.596.* Apud Saxones , Carpzovius *part.3. Conft.11. def.33.* Idem docent Pythæus *ad Conf.Trecenf.art.142.* Autumnus *en fa conference ad L.19. C. de Collation.* Delommeau *ad Confuet. Andegav. art.261.* Beraült *ad Conf. Normann.art.434.* Duret *ad Confuet.Veromand. art.88.*

III. De particularibus debitis major dubitatio eft ; Pater fi quid filio fuo mutuo dederit, aut ex fidejuffione pro ipfo folverit , in eo creditor, non pater eft ; neque ad æris alieni exolutionem tenetur nepos, fiquidem repudiatâ paternâ hæreditate, ex gradus repræfentatióne nulla profluat obli-

obligatio, *l.7.ff.Unde Liberi.* Et quamvis saltem
moribus ex patris personâ nepotem succedere
statuas,à Lege tamen seu Consuetudine, non patris facto hoc consequitur ; ita Lipsienses cen-
suére nepotem repudiatâ patris hæreditate ad
ejusdem debita in avitâ successione non teneri,
Carpzovius *libr.6. tit.7. respons.72.* Quamvis
autem patris factum ex repræsentatione per se
nepotem paternis debitis non adstringat ; Lex tamen ipsa seu Consuetudo in avitâ hæreditate
hanc obligationem eidem imposuit, cum alioquin non portio cum paternâ æqualis, sed diversa obtingeret, contrà quam ab Imperatore indistinctè constitutum fuit, *Novell.118. cap.1.* Si
quid patrui ex hoc capite hæreditati debeant,
eorundem imputatur portioni ; urget itaque hîc
etiam imputationem æqualitatis ratio ; durum
foret patruos in gratiam nepotum primum sua
exsolvere & insuper fratris debita unà ferre,
quæ sanè liberis ipsius æquius incumbunt , in
quam sententiam Facultas Juridica Witteber-
gensis respondit , Berlichius *part.2. decis.247.*
*num.8. & 9.* uti etiam Scabini Breslavienses,
Carpzovius *d. respons. 72. num. 4.* Idem de
Gallorum Moribus adstruunt Charondas *in*
*observ. verb. Collatio.* Duret *ad Consuet. Aure-*
*liax. d. art.307.* Godefroy *ad Consuet. Normann.*
*art.359.* Guerinus *ad Consuet. Paris. art. 304.*
Judicata exhibent Annæus Robertus *Rer. judi-*
*cat. libr.2. cap.5.* Vestius *arrest.138.* Brodeau
*in*

*in not. ad Louet lit.R.cap.*13. Corbin. *arreſt.*79. Boguier. *lit.R. arreſt.*19.

IV. Eodem modo nepoti etiam non hæredi imputandum eſt , ſi quid avus pro delicto patris ſeu filii ſui expendit ; naturæ inſtinctus & neceſſitas ſolutionem à parentibus quaſi extorquet, ne liberos poſt delictum ſequatur condemnatio, aut latæ in eos ſententiæ executio ; qua de cauſa ſemper in dubio conferendum eſt, ſi quid ex hoc capite, pro ipſis ſolutum fuerit, Mangillius *de Imputat. quaſt.*40. *num.*33. Tuldenus *ad tit. C. de Collation. num.*12. Vinnius *de Collation. cap.*13. *num.* 10. Nepotis autem major quam paterna portio eſſe non poteſt, *Novell.*118.*cap.*1. Ita in caſu repræſentationis à Senatu Concilii Leodienſis reſponſum fuit, Mean *obſervat.*376.

V. Sunt qui non tantum in avita hæreditate nepotem abſque diſtinctione, ad particularia patris debita teneri exiſtimant, ſed etiam in patrui ſucceſſione, ne ex parentis obitu melior nepotis, patrui deterior cauſa fiat, quod duplici Facultatis Juridicæ Viadrinæ reſponſo nuperrimè firmavit Brunnemannus *ad l.*1. *ff. de Collation. num.*6. Si patris ſit hæres, rectè ad ſolutionem obligatur nepos, non vero ſi ipſius hæreditatem repudiaverit ; Non ex collationis ratione, ſed hæreditatis aditione inter tranſverſales imputatio ſequitur; Si quid ex debito chirographario aut præſtita pro ſe fidejuſſione pater debuit, liberos non tangit ; neque enim tenentur ex perſonâ propriâ, quippe qui cum patruo non contraxerunt, neque

ex

ex personâ patris, cui hæredes non existunt ; succeßionem patrui à lege, non à patre consequuntur ; sola repræsentatio per se neminem debitis involvit ; eandem quidem nepotibus , quam fratri lex assignat portionem, *Novell 118. cap. 3.* & patrui tenentur exsolvere , si quid hæreditati debeant ; verum extraneorum jure in eo censendi sunt ; alia quoad avitam hæreditatem subest ratio ; in lineâ descendenti , non collaterali necessaria succeßio est ; & sic anticipatæ hæreditatis inter liberos extat præsumptio ; hæc debitorum imputatio revera collatio est, aut ejus saltem vices supplet ; collatio autem ex communi DD. opinione inter transversales non obtinet; Nepos itaque, cum nihil ad ipsum pervenerit , jure repræsentationis patruo succedens, si patris hæreditatem repudiaverit, ad ipsius debita cohæredibus non obligatur, judicata profert Carpzovius *part. 2. decis. 165.*

VI. Quoties nepotes soli succedunt, communior sententia est non teneri in avitâ hæreditate conferre, qui paternâ abstinent ; cum jam omnes absque repræsentatione æquè proximi sint, neque ex gradu aut personâ defuncti , neque ex perceptione rerum conferendarum ad collationem adstringantur, Vitalis, Nemausensis *de Collation. cap. 3. quæst. 23. num. 31.* Berlichius *part. 2. decis. 247. num. 3.* Hanc usu inveteratam opinionem testatur Carpzovius *part 3. Const. II. def. 34.* Contraria nihilominus sententia juri magis congruit ; Stirpium ubique inter descen-

defcendentes , non capitum fuccessionem Lex
formar, *l.2.C.de Suis & legitim.hæred.* Nepotes
in collatione confiderandi funt , quafi omnes
unus effent, inquit Celfus *in l.7. ff. de Collation.
bonor.* Sive cum thiis concurrant , five abfque
iis avo foli fuccedant , idem hæreditatem divi-
dendi modus eft, & eadem hæredum per repræfentationem portio ; ne itaque una ftirps minus,
quam altera confequatur, fuadet collationem faciendam æqualitatis ratio, ita Ruremundenfibus
placuit , *part. 3. tit. 9. num. 2.* Quod latius ex
jure repræfentationis deducunt Mean *ad Jus
Leodienf: obferv. 78. num. 22.* & D. Wefel *de
Pact. Dotalib.tract.2.cap.6.nu.142.*

VII. Quæ de imputatione vel collatione diximus, ubi nepotes avi , non patris hæredes bona
dividunt, non folum ab inteftato locum habent,
fed etiam ubi condito elogio fati munus defunctus adimplevit, *Auth. ex teftamento C.de Collation. Novell. 18. cap. 6.* Berlichius *d. decif. 247.
num. 29. & feqq. Vitalis Nemaufenfis & Heigius
ibid. allegat.*

VIII. Hæc autem imputatio quoad legitimam, quæ falva competit, non procedit ; plurimi
quidem ex iis , qui collationem à nepotibus paternâ hæreditate abftinentibus faciendam do-
cuère , legitimam eorum fub hoc onere quoque
comprehendunt , à collatione ad imputationem
in legitimam argumentantes ; Dos quam forte
mater renunciando percepit , ex Canonum jure
legitimæ locum capit; ne itaque duplici legitimâ

præ-

præ'gravetur hæreditas , imputationis ônus,
quod maternæ inhæfit , ad nepotum legitimam
transit ex eorum sentencia , ita à Senatu Sabau-
dico decisum refert Faber *in C. S. libr.* 2. *tit.*3.
*def.* 18. & in Brabantiæ Curia indistincté admitti adserit Deckherus *libr.*2. *dissertat.*6 *in fin.*
Ita etiam à Batavis responsum extat , *part.*5. *conf.*
257. Ubi nepotes matris sunt hæredes diffi-
cultas nulla est, hoc modo ex collatione imputatio in legitimam sequitur ; secus si avo, non matri successores existant ; alia parentis, alia nepotis legitima est ; ea in viventis bonis non datur,
post mortem demum competit ; Avi creditor
hoc nomine per se nepos audit ; suo, non patris
jure, à lege, non homine eam consequitur , *l.* 8.
§. 8. *ff. de Inoff. testam. l.*13. *ff. de Injust. rupt. testam.*
Nepotum legitimæ neque avus neque pater ulla
obligatione , renunciatione vel rerum perceptione vim facere cum effectu potest ; omnem illa
gravamen respuit , *l.* 30. *l.*32. *l.*36. §. 1. *C. de
Inoff. testam. Novell.*18. *cap.*3. Imputatio autem
nonnunquam eandem ex facto parentis contra
legis providentiam omnino tolleret ; legitima
nepotum parentis portio non est; quod si nepotes eam affectent sola legitima non contenti , in
tantum recté exigitur collatio ; quod enim plus
legitima ex hæreditate auferunt, paternam respicit portionem , cui soli collationis seu imputationis onus , non autem nepotum legitimæ lex
imposuit ; aliud est quid in hæreditariam portionem,

tionem, aliud in legitimam imputari, Faber *d. def.*
18. *in princip.*

IX. Avus nepotes sibi hæredes scripsit; iisdem
testamento collationem injunxit eorum, quæ parens vivus conferre teneretur, posthabitâ ratione, quod paternam hæreditatem repudiassent.
Ex testatoris voluntate profluens collatio ex aliorum opinione locum capit, etiamsi totam nepotum paternâ hæreditate abstinentium legitimam
in bonis avi absorbeat, Berlichius *part. 1. decis.*
247. *num. 33. & 34.* Ex superioribus contra-
tium evidenter elucescit; legitima neque one-
rati neque minui potest; legis dispositioni ne locus sit in testamento nemo facere potest; legitima naturæ & legis debitum est; nepotibus ex
proprio capite adhoc avus adstringitur; eo juris
vinculo se non validè extricat, cum ab ipsius voluntate non dependeat.

X. Idem obtinet, si nepotes in dote solummodo maternâ avi testamento instituti fuerint; hæreditate enim matris repudiatâ nihilominus in
bonis avi legitima competit; sin autem ejusdem
hæredes exstiterint, nulla ipsis prodest actio, nisi
quatenus dotis datio legitimâ forsan minor re-
periatur. Neque illusoria dicenda est institutio,
quasi jam nihil ex testamento consequantur,
cum tamen hæredis qualitas non nudum titulum,
sed utilitatem quoque præsupponat; dos enim
materna ad computandam avitæ hæreditatis
massam conferenda est, adeo ut non confe-
rendo retineant, quod alioquin ex testamento

G                                        perci-

perciperent, judicatum refert Claudius Henrys
libr. 5. arrester cap. 4. quast. 63.

XI. Quamvis vero quoad cohæredes nepos
teneatur conferre aut imputationem pati, si eam
consequi velit portionem, quam parens vivus
habuisset, non tamen reliquis defuncti creditoribus inde fit obnoxius; dum paternam hæreditatem repudiat, per aditionem cum ipsis non
contrahit; nepos in patris locum succedit priva-
tivè, non transmissivè, uti docet vulgata Baldi
distinctio in l. 2. C. de Liber. praterit. Quicquid
habet per repræsentationem à lege, non patris
facto consequitur, cui hæres non existit, Gratianus tom. 4 Discept. forens. cap. 776. Carpzovius
libr 6. tit 7 respons. 72.

XII. Plotis trium liberorum mater vivo filio
quasdam ædes nepoti donat; bona deinde duplici scripto inter liberos dividit, nullâ rei donatæ
mentione habitâ; defuncto patre & mox aviâ
cum patruis succedit nepos; exigitur ab eo collatio, cum jam per repræsentationem primo gradu
succedat, & vice debitæ portionis videatur prævia bonorum concessio; Nepos ex suo, non patris capite se donata possidere adserit; in eo tanquam extraneum censendum esse; hæreditatis,
ad quam jus nullum competiit, anticipationem
non dari; vivente patre factam esse donationem,
cujus mortem avia prævidere nequiverit; contrarium etiam innuere divisionis actum, latè
pro nepote causam ediderit Claudius Henrys
libr. 6. arrester. quast. 1.

XIII.

XIII. Dotem amplam in neptem avia contulit; eâ defunctâ donataria abstinet; reliqui nepotes ad aviam hæreditatem adspirant, urget collationem avunculus ut æqualitas inter stirpes observetur, cum matrem repræsentando nepotes succedant, in cujus personâ etiam donataria consideranda veniat, aut saltem sibi repudiantis portionem competere obtendit; utrumque ex Senatusconsulto denegatum fuit, & hæreditati accrescere judicatum, quia totam hæreditatem, non portiones donatio imminuerat, Choppinus *de Morib. Parif. libr. 2. tit. 3. num.* 19. *in fin.* Montholon *arrest.* 109. Autumnus *en sa conference ad l.* 1. C. *Quando non petent. portion.* Guerinus *ad Confuet. Parif.* 310. Stirpi alioquin seu repudiantis fratribus, non universæ hæreditati accrescendi jus competit, *l.* 11. §.1. *l.* 12. *ff. de Bonor. poffeff. contr. tabul.* Quibus tamen hoc jure gaudentibus onus conferendi dotem repudianti sorori ab avo aviave concessam Parisiensi decreto injunctum tradit Louetius *lit.* D. *cap.* 56. & ex eo Barry *de Succeff. libr.* 14. *tit.* 4. *num.* 5. *in fin.*

XIV. Mater in legitimâ filiam instituens liberos ejusdem cum avunculis universales scripsit hæredes; illa hæreditatem repudiat; liberi cum avunculis adeunt; quæsitum fuit num conferre teneantur, quæ mater præceperit; ad collationem non teneri recte dixeris, quia repræsentando non succedunt, quamdiu mater viva eosdem antecedit; neque jam uti nepotes, sed ut extranei

per

per expressam vocationem veniunt ; & proinde
avunculi vel eorum liberi etiam in commodum
horum nepotum nihil conferunt , Gomezius
ad Leg.Taur 29. num.7. verf. decimo Infero. Valascus de Partition.cap.12. num.60. & 61. Brunnerus de Collation. cap.3. num. 282. & seqq. Sandius libr.4.tit.10.def.1. Vinnius de Collation.cap.1.
num.3.

XV. Soror à fratre dotata ipsius hæreditati
futuræ renunciat ; illa fato defuncta liberi per
repræsentationem avunculo succedunt; postula-
tur dotis collatio ; lege nepotes se defendunt,
scilicet inter collaterales non conferri , DD. ad
l. 9 C. de Collation. Neque ex rerum perceptione se obligari, cum nihil ex donatis ad ipsorum manus pervenerit ; Quod si autem matris
hæredes fuerint ; judicavit Senatus Sebusianus
cessante collationis remedio , arbitri familiæ erciscundæ partes esse , ut nepotes cogat suæ portioni imputare, quicquid ex causâ renunciatio-
nis per matrem ad ipsos fuerit devolutum, Faber
in C.S libr.2. tit.3.def.1.

XVI. Patruus si nepti dotem concesserit, nulla collatio est, licet per repræsentationem succedat. Ad evitandam inter hæredes inæqualita-
tem nonnullis contrarium placuit. Donationem
propter nuptias à nepote conferendam, si avunculi hæres sit , ex Molinæi ad Rupellanas Consuetudines notis tractat Mornacius ad l. 29. C.
de Inoff. testament. Inter transversales nulla
collatio est; nulla etiam inæqualitatis ratio, cum

vel

vel ipfa hæreditas exclufis reliquis uni in totum
relinqui poffit , fecùs quam in defcendentibus;
Dotem à patruo nepti datam ne quidem in legitimam paternam imputari aut ab eâ conferri,
decifum refert Carpzovius *part.3. Confit.11. def.*
*35.* Idem de Moribus Lufitaniæ tradit Valafcus
*de Partition.cap.13.nu.28.* latè Mangillius *de Im-*
*putation. quæ. 24.*

---

# CAPUT VIII.

## De divifione æris alieni in cafu repræfen-
## tationis.

G 3                                    IX. Quis

I. EX solâ repræsentatione nemo quoad extraneos obligatur; genitoris sui hæreditate abstinens nepos rectè & avi & patrui successor est denegatâ paternis creditoribus actione, Gratianus *Disceptat. forens. cap.* 776. D'Espeisses *tom.2. part.2. tit.1. numer.27.* Carpzovius *libr.6. titul.7. resp.* 72.

II. Quoad hæreditatem ejus, cui per repræsentationem nepotes succedunt, sive in lineâ rectâ sive collaterali, in æris alieni exolutione non in capita, sed in stirpem, quam repræsentant, loco parentis pro unâ personâ considerantur, Charondas & Guerinus *ad Consuet. Paris. §.332. & 335.* Gillet *de Titel. cap.32. vers. or porr scavoir.* Goris *tract.2. cap.1. num.2.*

III. As-

III. Afcendentes, quia nulla inter eos repræfentatio eft. , æqualiter debita hæreditatis exolvunt , Gillet *d. loc. verf. le fecond cas.* Quod fi avus & avia paterni ex unâ parte, ex alterâ vero non nifi avus maternus concurrant , in tantum poftremus tenebitur, quantum reliqui duo fimul fuunt , licet enim repræfentationis jure non veniant , repræfentationis tamen modo hæreditatem dividunt , *Novell.118. cap.2.* Argentræus *ad Conf. Britann. art.561. gl 1. nu.1.* Carpzovius *part.3. Conft.17. def. 3.*

IV. Avus filium fuum inftituit, & in filiæ præmortuæ locum nepotes ex eâ hæredes in legitimâ declarat ; in æris alieni exolutione quoad creditores nulla nepotum , fed hæreditatis obligatio eft ; Quoad titulum ad excludendam inofficiofi querelam hæredes audiunt , ratione vero onerum, dato cohærede univerfali , ex communi DD. opinione pro legatariis Lex ipfos habet, *l.13. C. de hæred. Inftit.* Valafcus *de Partition. cap.17. nu. 20.* Menochius *de Adipifc. poffeff. remed.4. qu.22.* Faber *in C.S. libr.6. tit.18. def.7. num.8. & feqq.* Deckherus *libr. 1. differtat. 1. nu. 34.*

V. Quamvis autem nepotes non ex fuo capite finguli, fed ex parentis perfonâ fimul omnes per repræfentationem unius hæredis vice fint ; quoniam tamen in iis refidet hæredis qualitas , in individuis non collectivè omnes , fed finguli diftributivè obligantur in totum , *l.2. § 2. l.85. ff. de Verb. oblig. l.25. §.10. ff famil. ercifc.* Mi-

norem quidem portionem lex iisdem tribuit,
exinde vero non minus hæredes sunt ; in minimâ
autem parte hæres æquè per se tenetur in solidum in individuis, atque hæres in maximâ , Molinæus *ad Consuet. Paris. tit.1. §. 1. gl. 4. num. 36.*
Grassus *§. Hæreditas quæst.12.num.15.*

VI. Ubi pignus vel hypotheca intercedit , in
solidum per se unus ex nepotibus tenetur ; personam non respicit , sed rem sequitur obligatio,
*l.2.C.de Hæreditar. action. l.2.C. Si unus ex plu-
rib. hæred.* Faber *in C. S. libr.6. tit. 21. def.1.*
Costalius *ad l 55. ff. de Rei vindicat.* Non quod
uti hæres in totum conveniri queat , sed quia
indivisa pignoris causa est , ut obligatæ possessor
rei, *l 65. ff. de Eviction.* Excussâ hypothecâ si
quid deficiat ; non nisi pro hæreditariâ portione
quoad residuum obligatur ; vel si rem obligatam
dereliquerit, pro virili conveniendus est, Mornæ-
us *ad l 2.C.de hæreditar. action.*

VII. Si quid etiam possessori decesserit , aut
per eundem fuerit exolutum , adversus cohæredes prò hæreditariis portionibus regressus datur, *l.25. §. 1.ff.famil. ercisc.l.2.§.2. ff. de Verb.
obligat.l.11. §. 23. ff. de Legat.3.* Molinæus *de
Divid. & individ. part. 2. quæst.7. num. 171.*
Valascus *de Partition. cap.27. num. 11.* Goris
*tract.2. cap. 1.num.5.* Aut si creditor jus legalis
hypothecæ cesserit , adversus unum ex cohæredibus alia hæreditatis bona possidentem in solidum actio competit , suâ portione solummodo
confusâ , uti arrestum protulit Tronçonius
*ad*

ad Conf. Parif. artic. 333. quod Guerinus ibidem confirmat.

VIII. Mevius universa bona inter hæredes suos sororem scilicet & plures ex fratre & sorore alterâ nepotes testamento dividit ; pro lubitu autemcum majores, tum minores partes singulis assignat , quæsitum fuit an per repræsentationem fiat successio ; Mornacius decisum refert in capita hoc casu succedi, in lite super testamento Gillotii Senatoris morâ, quia nominatim, inquit, à testatore cautum fuerat ut æqualis fieret partitio , in not. Posthum. ad l.10. C. famil. ercisc.

IX. Ex superioribus profluit quænam ratio ponenda sit æris alieni inter hæredes, si ita supremas tabulas divisionis modò testator condidit; hæredes scripti pro hæreditariis portionibus æs dividunt alienum, licet inæqualiter instituti sint, l. 35. §. 1. ff. de Hæred. instit. l. 1. C. Si certum petat. In præmemoratâ quoque lite judicatum fuit pro hæreditariarum partium modo inter defuncti sororem & nepotes debita exolvenda esse, Mornacius d. loc.

X. Testator inter fratrem superstitem & ex aliis nepotes de hæreditate disposuit , singulis mobilia, bibliothecam , reditus aliaque bona assignando ; uni quod reliquum foret testamento donavit ; Cæteri hunc pro legatario universali habendum asseruére, & proinde debitis obligari in totum ; Cum autem hæreditas legatorum multitudine inter legitimos hæredes penitus exhausta

G 5 foret,

foret, ad debita singulos Curia Parisiensis damnavit, *arg.l.90. §.1. de Legat.1.* Tronconius. *ad Cons. Paris. art.334.* Verum non juris hæc tantum, sed præcipuè voluntatis controversia est; Ex declaratâ per testatorem æqualis partitionis formâ profluxit memoratum Lutetiani Confessus Judicium uti de eodem annotavit Mornacius *ad l. 10. C. Fam.l. ercisc.*

XI.    Quæcumque itaque postmodum emergunt testamento non enumerata, ad singulos æqualiter pertinebunt.    Non quidem ex solâ divisione, sed ex aliis quoque conjecturis & præcipuè ex portionis cuilibet assignatæ quantitate videri poterat colligendam esse testatoris intentionem, an in capita, an vero per repræsentationem in reliquis eos hæredes esse voluerit ; Veruntamen quoniam dispositio per modum legati, si de universitate bonorum fiat, institutionem sapit; quia etiam hæc divisio ex mente testatoris, dum de omnibus omnino bonis loquitur, pro eodem titulo inservit, *d. l. 90. §. 1. ff. de Legat I.* omnes voluntatis ratione æqualiter hæredes censentur ; ut rebus assignatis per singulos, ad modum prælegati in hæreditatis divisione, salvâ tamen Falcidiâ, perceptis, *l.78. ff.de Hared. instit.* posthabitâ rerum quantitate & pretio ex æquis partibus, si quid emergat, hæredes judicentur, *l. 9. §. 13. l. 10. l. 11. l. 35. ff. eod.* Gomezius *tom. 1. cap. 10. num. 14.* Alvarado *de Conject. ment. defunct. libr.2. cap.3. §. 1. num 14.*

XII.    Quod si non de omnibus defuncti bonis

mis inter successores ab intestato extet partitio,
licet pænè exhausta inter eos legatis fuerit hæreditas, in stirpes per repræsentationem, non in capita cum rhiis nepotes successuri sunt in eo, quod
restat aut Falcidiæ nomine inter cohæredes de-
trahitur, *l. 35. §. 1. ff. de Hæred. instit. l. 22. ff. ad*
*Leg. Falcid. l. 17. C. eod.* Cum enim universam
hæreditatem divisione seu assignatis cuique hæredum portionibus non distribuit testator, non
idem qui superiore casu, hæredes per bonorum
partitionem constituendi animus elicitur, sed le-
gatarii simul & hæredes ab intestato nepotes
cum thiis judicantur; Moribus testator etiam pro
parte intestatus decedit.

XIII. Sejus Ultrajecti moritur; fratrem relinquit & ex defunctis filios & nepotes; illi in omnibus bonis cum patruo succedunt; hi vero solummodo in Hollandicis, ubi uno gradu ulterius se extendit repræsentatio, in stirpes cum reliquis concurrunt; quid juris? verius est non pro
portionibus hæreditariis, sed pro emolumenti
modo solutionem faciendam esse; fratrum nepotes titulo hæredis quoad bona Hollandica
quidem insigniuntur, verum hæc qualitas uni-
versalitatem præsupponit; cum tamen hi non
nisi ad certum corpus seu fundum Hollandicum
unà jus habeant, quoad reliqua hæredum qualita-
te destituti.

XIV. Sed quid si è converso in Hollandia
patruus decesserit, eo enim casu non tantum hæredis titulo, sed ejusdem jure quoque gaudeant; &

in

in omni patrimonio per repræsentationem veniunt, exceptis solis iis immobilibus , quæ loco
sitæ extra Hollandiam fratrum nepotes non admittunt ; nonnulli ipsos in stirpes cum patris
tanquam hæredes, emolumenti quantitate po-
positâ , censeri censent;ita Supremus Hollandiæ
Senatus æs alienum pro, portionibus hæreditariis exolvi voluit , licet alter hæredum in *bonis*
soli Brabantici, quæ defunctus reliquerat, ex lege
municipali, nihil caperet, Coren *observ.* 21. Groenewegen *in not. ad Grotium libr.* 3. *part.* 26. *num.*
4. Alii inter debita in hâc & illâ proviaciâ di-
stinguunt , *arg. l.* 17. §. 1. *ff de Testam. melет, l.* 16.
*ff. de Compensat.* Rectius factâ totius hæreditatis æstimatione, eâque in unam massam redactâ,
æs alienum pro modo emolumenti inter eos dividi tradit Goris *tract.* 2. *cap.* 6. *num.* 7. Onera
hæreditaria universum defuncti patrimonium
respiciunt, non certi loci facultates , *l.* 50. §. 1.
*ff. de Judic.* Ex æquitate in successionibus hæc
receptior opinio est, Costa *de Ration. rat. quæst.* 14.
Gillet *de Tutel. cap.* 29. *vers.* la quatriéfme. But-
gundus *ad Consuet. Flandr. tract.* 13. *nu.* 34 *&seqq.*
Judicata referunt Argentræus *ad Consuet. Bri-*
*tann. artic.* 219 *gl.* 8. *num.* 11 *in not.* Bouot, *tom.*
2. *verb* Collateraux *quæst.* 1. *in fin.* Mollerus *libr.* 3,
*Semestr. cap* 44.

XV. Dubitatum fuit , an reditus super fun-
do Trajectensi const:totus etiam à fratrum nepotibus, qui in eo partem non faciunt , lui debeat;
existimaverim totius hæreditatis seu defuncti,
non

non vero particularis fundi seu hypothecæ onus esse , nisi in subsidium & accessorie tantum, Molinæus *ad Consuet: Parif. libr.* 1 *tit.* 1. *gl.* 1. *num.* 10. *& seqq.* Covatruvias *var. resolut. libr.* 3. *cap.* 7. *num* 5 Garsias *de Expens cap* 4 *num* 42. & 43. Gaill *libr.* 2. *observ.* 7. *num* 13 Recepta distinctio est inter reditus pro pecuniâ numefatâ constitutos seu redimibiles , quos & volantes vocant,& inter eos , qui principaliter fundum afficiunt, ut in emphyteusi, cenfu, oneribus publicis videre est ; hi enim fundi dominium sequuntur, secus quam in aliis obtinet , Valla *de Reb. dub. tract.* 20. *num.* 49. & 50. Loseau *de Deguerpissement libr.* 1. *cap.* 3. Cofta *de Ration. rat.* quæst. 72. Mornacius *ad l.* 50. §. 1. *ff. de Judic.* Grotius *part.* 3. *Consult. Batav.* 190. *num.* 1. & 2.

---

# CAPUT IX.

### De Repræsentatione conventionali.

VI. Ge-

I. Epos quidem in contractu concurrere, imo & patruum excludere potest, si hoc inter contrahentes actum fuerit; Persona alioquin in stipulationibus non venit, nisi expressa. *l.* 126. §. 2. *ff. Verb. obligat.* In contractibus non admitti repraesentationem docet Valascus *consult.* 122. *nu. m.*

*num.*24. Caldas Pereira *libr.* 1. *quæst. forens.* 19. *num.*18. & latius Robles *de Repræsentat. libr.*3. *cap.* 12. Ex naturâ rei & contrahentium mente interpretandum est, quales personæ in conventione designentur ; repræsentatio enim à contraĥibus non omnino secluditur , Covarruvias *Pract̃ic. quæst.cap.*38.*num.*12. Castillo *libr* 3. *Controv cap.*16. *num.*252. *& seqq.*

II. Pactis dotalibus repræsentatio validè introducitur in iis locis , ubi consuetudine non obtinet, cum non sit de genere prohibitorum , uti demonstrat Præses Everardus *cons.*231. *num.* 30. *& seqq.* Decisum referunt, Vestius *arrest.* 90. & Christinæus *vol.*4.*decis* 55.*num.*2. Franci veteres & Belgæ, quorum Moribus vicaria succeſſio ne quidem inter descendentes inoleverat, in ipso matrimonii contractu fuére soliti eandem futuris nepotibus largiri , uti ex Molinæo, Charonda , Choppino supra annotatum est; tantoque favore nuptiales tabulas iis casibus prosecuti sunt , ut extensionem pati hanc stipulationem censuerint, & ad reliquos , etiam non nominatos pertinere , si uni ex filiis hoc successionis beneficium fuisset concessum , quod solenni arresto comprobat Molinæus *ad Cons. Sylvanectens. art.*139.

III. Apud Leodienses in bonis censualibus extra urbis terminos masculi fœminas secludunt; quod si autem in elocandâ filiâ pactis dotalibus conventum fuerit, ut unà cum fratribus sit parentibus successura, authoritate hujusce clausulæ

sulæ nepotes neptesque eâ defunctâ cum aviunculis per repræsentationem ad avitam hæreditatem veniunt, à quâ alioquin , uti ex filiis progeniti, ipso jure arcendi forent, quod de ipsorum Moribus tradit Mean *observ. 70. num. 4. & 16.*

IV. In iis quoque locis ubi ptolium unio apud Germanos frequentatur, repræsentatio hujusmodi pactis inclusa censetur ; nam & is, qui ex adoptivo natus est, nepotis locum obtinet, ex Juliani sententiâ *in l. 27. ff. de Adoption.* Latius hoc prosequitur Ricklus *de Union. prolixus cap. 7. num. 116. & seqq.*

V. Sed quid si filius postmodum ingratus fuerit, an concessa repræsentatio per ipsius exhæredationem poterit immutari? verius est eo mortuo conventionem nihilominus effectum sortiti ; præcipua hujus obligationis intentio & finis est de liberis nascituris & posteritati providendo; non in filii solius , sed nepotum præcipuè favorem concepta stipulatio est ; Antenuptialis pactio quatenus nepotes respicit , propter filii ingratitudinem non rescinditur , Godefroy *ad Conf. Normann. artic. 244.*

VI. Generaliter , quæ in filiorum favorem à futuris conjugibus constituta sunt , parentum loco ad nepotes quoque pertinent; prioritas gradus munificentiam non tribuit , sed sanguis & nativitas ; Eadem in nepotibus quæ in filiis militat benevolentiæ ratio; comprehensiva, non extensiva interpretatio est, quæ sub filiis in pactis

dota-

dotalibus nepotes devocat , Surdus *decif.* 73.
Fontanella *de Pact. antenupt. clauf.* 10. *gl.* 1.
*num.* 58.

VII. Titius filium nothum & naturalem matrimonio jungit , eumque præfentibusconfan-
guineis legitimum in pactis dotalibus defignat
& nominat , qualem etiam fama confentiens
profeffa eft ; Hic relicto ex fe filio decedit, qui
uti nepos jure repræfentationis cum altero Titii
filio avi hæreditatem petit ; Patruus nepotem
arcet tanquam ex naturali , non legitimo prog-
natum , cui in avita hæreditate ex paterno latere repræfentatio non competit. Bonâ fide mater fe prolemque defendit ; honeftis fe oriun-
dam natalibus nunquam fpurio fuiffe nuptu-
ram afferit , fi per dolum & fraudem foceri non
effet circumventa ; fobolem fuam propter illius fallaciam ab hæreditate non jure fubmove-
ri ; Judicatum fuit nepotem ex lege avi non effe
fucceffòrem, Patruum vero avi hæredem ob do-
lofam Titii in pactis dotalibus affeverationem
ad intereffe matri , ejufque nomine nepoti obligari ; idque rectius æftimari non poffe quam ad
mediam totius hæreditatis partem , quæ nepoti
ex repræfentatione competeret , fi mater non
decepta legitimo Titii filio nupfiffet , Annæus
Robertus *Rer. judicat libr.* 4. *cap.* 18.

VIII. In feudis non minus , quam in reliquâ
fucceffione repræfentatio nuptialibus tabulis
formari poteft , fi Mores eardem non admife-
rint, Everardus *conf.* 231. *num.* 25. Modo Domini
H con-

consensus super hâc stipulatione adhibeatur, Antonius Matthæus *Parœm. 8. num. 34.* Uti in pactis dotalibus generaliter circa feudi successiones obtinet, Sandius *ad Conf. feudal. Gelr. tract. 1. tit. 2. cap. 1. num. 5.* Bortius *de Feud. part. 2. cap. 5. num. 7.*

IX. Cum autem privatorum pactiones in dubio jus publicum non intervertant, contra repræsentationem in nostris vicinarumque Gentium feudis præsumptio est, si non satis apertè contrahentes eandem declaraverint; Sempronia filium primogenitum elocans pactis dotalibus pollicetur, *se relicturam ei in Jurisdictionibus & feudis post mortem suam ætatis prærogativam Moribus ipsi competentem*; Postmodum secundis contractis nuptiis masculos etiam inde sustulit; ipsa moriente nepos ex primogenito superstes vi pacti dotalis & jure per patrem transmisso feudum Trajectense, quod vicariam successionem non patitur, sibi præcipuum postulat; Patruus, licet ex secundo matrimonio, gradu proximior ad se feudum devolutum obtendit, nec repræsentationem ex hâc conventione introductam, aut receptæ in feudis successioni quicquam detractum esse, ita de facto consultus rectè respondit Sandius *d. tit. 2. cap. 3. n. 10. & seqq.*

X. Stricta itaque hîc interpretatio obtinet omni rejecta extensione; unde si quis repræsentationem suæ hæreditati præscripserit successores designando, non nominati hac prærogativa gaudere nequeunt, licet in gradu sint pares cum

ils,

iis, quibus prævia declaratione prospectum est, Barnabas le Vest *arresst*. 224.

XI. Sicuti pactis dotalibus, ita etiam in instrumento familiæ erciscundæ de repræsentatione quoad feuda agi potest ; Liberi paternam hæreditatem divisuri convenerant, ut bona feudalia inter eos æqualiter dividerentur, vocatis etiam per repræsentationem nepotibus, si forsan ex ipsis quis decessisset durante bonorum usufructu, quem maritus uxori legaverat ; responsum fuit subsistere hanc conventionem super feudi successione inter cohæredes initam, uti Moribus receptum tradit Sandius *ad Conf. feudal. Gelr. tract. 1. tit. 2. cap. 3 num. 4.*

XII. Neglecto autem Domini consensu ad ipsa quidem feudorum corpora jus nullum competit, sed personalis solummodo ad interesse actio, ut aliunde nepotes percipiant, quantum ex bonis feudalibus per repræsentationem fuissent consecuti, cum speciatim super iis inita sit pactio, Wamesius *cent. 5. conf. 25. num. 37.* Sandius *d. loc. tract 2. tit. 2. cap. 3. num. 6* Rodenburch *de jur. quod oritur ex Statut. divers. tit. 2. cap 5. nu. 13. in med.* Ant. Matthæus *parem. 2. num. 24.* Judicata refert Goris *tract. 1 cap. 3. num. 8.*

XIII. Nepotes ex fratre consanguineo cum germanâ defuncti sorore ad hæreditatem adspirant, incognitâ scilicet apud nos duplicis vinculi distinctione ; instat ea pactis dotalibus repræsentationem à bonis maternis excludi propter reversionis clausulam ; Idque Moribus convenit ; Parentibus licitum est nuptiali instrumento successionem sibi liberisque formare hæredem nominando, vel etiam designare legitimæ successionis ordinem, quo bona revertantur ad latus unde processerint; Ita tamen ut strictam interpretationem sortiatur reversionis bonorum stipulatio ; Hæc enim non tam hæredem facit, quam quidem potius jus tribuit ad ea hæreditatis corpora, quæ ex parentis successione ad filium devoluta aut aliter pactis dotalibus ad reversionem destinata sunt, illibato manente quoad reliqua legitimorum ab intestato hæredum jure, Everardus *consf.209.n.3.* Coren *abs.30.*

XIV. Sed quid si mater filium testamento hæredem scripserit, an à pactis dotalibus resiliisse judicabitur, ut proinde nepotes ex uno latere per repræsentationem indistinctè patrui hæreditatem cum amità dividant ? Potior pro nepotibus opinio est ; Successionis ab intestato designatio cum testamento nihil commune habet ; Mater dum instituto simpliciter filio de secundo hærede nihil loquitur, rejectà antenuptiali designatione successionem legi Patriæ commisit. Ex pactis nulla successio est, ubi mutato successionis titulo pacta defecerint. Liberè filius, enervatà reversionis conventione, testamento consequitur, quæ alioquin sub designati successoris onere possedisset, nisi alio hærede scripto ; Duplex inest reversioni bonorum conditio, renunciatio scilicet parentis de non succedendo, & deinde successionis ab intestato designatio ; facto testamento

prior

prior remanet conventio, sublato designatæ successionis ordine , qui pactis inerat; casus testati,
uti ómissus, juri nostro communi relictus intelligitur. *l 99. ff. de Verb. oblig. l. 10. ff. de Liber. & posth.*
*l. 22. ff. Solut. matrim.* Grivellus *decis. 68.*

XV.    Statuto exclusa repræsentatio inter fratres pro liberis suis ex contractu non validè introducitur circa successionem fratris improlis,
si ipsius consensus non accesserit; æquè dubius
quidem & incertus ab initio eventus est ; pro
pupillis in casum mortis paternæ vigilatur , &
ad jus commune redeunt contrahentes ; attamen
contra bonos mores est de viventis pacisci hæreditate & circa alterius patrimonium successionem lege municipali stabilitam invertere,
*l. ult. ff. de Suis & legitim. hared. l. ult. C. de Pact.*
Nullitatis vitio laborare hanc conventionalem
repræsentationem duplici judicato confirmat
Brodæus *in not. ad Louet lit. R. cap. 9. vers. l' on à*
*demandé.*

XVI.    Cæterum jus pactis dotalibus circa
repræsentationem acquisitum non tantæ vicissi-
tudini Mores subjectum voluére , ut ad lubitum
unius ex conjugibus subverti queat ; sed de eo
dubitatum fuit , si patruus successionis ordinem
in nepotis favorem ultro declaraverit , idque
acceptatum & porro actis publicis insinuatum
fuerit, an pœnitentiâ infirmari possit. Admittenda equidem revocatio est ; nemo sibi legem
scribere potest, ut à declaratâ voluntate recede-
re non liceat ; in hanc sententiam Senatus Parisiensis

rifiensis arrestum profert Annæus Robertus *Rer.*
*Judicat. libr. 3. cap. 16.*

---

# CAPUT X.

## De Repræsentatione in Feudis.

I. Re-

I. Repræfentationem ad concurfum, non vero ad patrui exclufionem prodeffe voluit imperator ; In parentis quidem jura & portionem fuccedit nepos , verum de dividuis , non individuis bonis loquuntur leges ; Non fanè in exclufione, uti in concurfu æquitatis evidentia elucefcit ; In individuis fucceffionibus ex lege Civili eam non admitti rectè obfervant Cujacius *de Feudis libr.* 2. *tit.* 11. Pythæus *ad Conf. Trecenf.* *art.* 15. *verb.* *en auff.* Hottomannus *quæft. illuftr.* 3. Molina *de Majorat. tract.* 2. *difp.* 627. *num.* 7. Cævallos *quæft.* 905. *num.* 121. *& feqq.* Brodeau *ad Loues lit. R. cap.* 9. Ranchinus *de fuccef. ab inteft.* § 13 *num.* 19. Buridan *ad Conf. Veromand. artic.* 163. Quoties vero hodiernis Moribus patruum nepos antevertit, Illud juri Romano non rectè imputatur, fed ex receptâ cujufque populi confuetudine profluit.

II. In feudis habere locum repræfentationem communiter placuit , DD. recenfet Caftillo *controverf. libr.* 3. *cap.* 19. *num.* 223. *& feqq.* uti & Vultejus *de Feudis libr.* 1. *cap.* 9. *num.* 109. Nifi quod nonnulli inter feudum ex pacto feu providentiâ , & inter hæreditarium diftinguant, quod fufius propugnat Robles *de Repræfentat. libr.* 3. *cap.* 18. Non incerta de repræfentationis jure in feudorum Codice extant veftigia, *cap.* 1. *de fuccef. feud. cap.* 1. *de fuccef. fratr.* Aliæ autem Nationes fingulæ fuas leges de feudis, non minus , quam Longobardi habuére , uti

de-

eleganter tractat Grotius *de jur. bell. & pac. libr.*
*2. cap.7 num.* 21. Ita etiam Nicolaus Gosson *ad*
*Consf. Atrebat. art.* 13. De feudorum succeffio-
nibus ex more cujufque populi præcipuè judicandum est ; Primo quidem ad pacta recur-
rendum, iis autem deficientibus ad Consuetudinem loci, ultimo denique ad Jus scriptum , Cancerius *var. resol. part.* 1. *cap.*12. *num.* 21. Zypæus
*in notit. Jur. Belgic. tit. de feudis in fin.* Illud
ubique ferè in Belgio obfervatur , ut rejectâ
feudorum divifibilitate ad unum feudalis hæreditas perveniat , Chriftinæus *vol.*1. *decif.*388.
Neoftadius *de Feudis cap.*5.*num.*67.

III. In feudis Trajectenfibus non admittitur
repræfentatio ; in hâc Diœcefi eam Carolus
Quintus in lineâ rectâ primus introduxit , fed
non aliter obtinere voluit , nifi refervato uni-
cuique fuo hæreditario & præceptitio jure,
*Coftuym. van Utrecht Rubr.*23. *art.* 24. *& 27.*
Jus itaque repræfentationis antea inauditum de
allodialibus non rectè ad feuda porrigimus; Confuetudines quoque juffu Ducis Albani apud
nos collectæ §. 63. expreffè & indiftinctè ferunt
natu majorem in feudis præferri minori ejufdem gradus ; ubi Magiftratus urbis ita Moribus
invaluiffe teftatur ; Idem de feudis Trajectenfibus quoad repræfentationem tradit Fredericus
Sandius *de Feudis tract.*1. *tit.*3. *cap.*1. *§.*1. *num.*13.
& uterque Antonius Matthæus *Param.* 8. *num.*
24. *& Obfervat.*37. *num.*4. Vicinorum Confuetudines nobifcum etiamnum hodie in feudis
eam

eam non agnoscunt ; de Hollandicis testatur Neostadius *de Feudis cap. 3. num 4.* Grotius *in manud. libr. 2. part. 41. verss. maer hoewel.* & post eos Bortius *de Feudis part. 5. maxim. 3.* de Gelricis Christinæus *vol. 6. decis. 43. num. 82.* Sandius *d. §. 1. num. 12. & 13.* Goris *tract. 2. cap. 1. num. 1.* de Zelandicis Bortius *d. loc. n. 7.* de Transsulanicis patet ex Philippi Episcopi Constitutione , quam ex Winhovio refert Antonius Matthæus *d. Param. 8 num. 24.* Quod ibidem posteà confirmatum est, *Landr. van Overyssel part. 2. tit. 25. art. 21.* Flandriæ, Attesiæ, Hannoniæ , aliarumque Gentium Moribus nulla etiam in feudis inter liberos datur repræsentatio, Gudelinus *de Feudis part. 3. cap. 2. num. 14.* Sandius *d. loc num. 15.*

IV. Incapaces feudorum fœminas , repudiatâ Longobardorum lege admiserunt Nostratium Mores; eas quidem in æquali gradu positas masculi à feudo arcent ; verum ipsæ sanguine proximiores excludunt reliquos, licet sexu prævaleant ; derogatâ repræsentatione nepos per se gradu remotior non tantum à patruo juniore, sed per amitam quoque à feudis secluditur, Neostadius *de Feudis cap. 5. num 9.* Grotius *in manud. libr 2. part. 41. verss. een nieuw.* Sandius *de Feudis tract. 1 tit. 3. cap. 1. §. 7. num. 57. & §. 15. num. 6.* Nullâ inter prius aut posterius matrimonium distinctione datâ , Christinæus *vol. 6. decis. 44. num. 2.* Sandius *d. cap. 1. §. 12. num. 2.*

V. Du-

V. Dubium est quoad avitas Nobilium ædes, unde originem & nomen tota ducit familia; Stemmatum bona, quamvis libera, instar feudorum habent Saxones, Moller. *ad Constit. Saxo. part. 2. Constit. 12. nn. 3.* Allodialia Nobilium, quibus annexa jurisdictio est, feudorum naturam apud Gallos imitantur ex Molinæi, Choppini & Losæi traditis, quorum doctrinam in hasce quoque Provincias translatam notat Bertius *de Feudis part. 5. maxim. 1. num. 7.* Nos autem diversam ab allodio & feudis bonorum speciem in successione habemus nullam; Ædes seu domus Nobilium genearchicæ, uti reliqua in hæreditate bona censeri solent, nisi in feudum datæ Dominum agnoscant, quo casu secundum feudales patriæ Consuetudines deferuntur.

VI. Hæc nepotum per patruos à feudis avitis seclusio non immerito duritiem plerisque sapit; Cum vero in individuis concursus non admittatur, necesse est ut unus alteri cedat; ab ipsâ autem harum Gentium origine patrui ante nepotem successio est; & nondum sesquisæculum effluxit, quo primum innotuit repræsentatio. Alii ad temperandas in descendentibus feudorum prærogativas, patruo bessem concedunt, triente cæteris cohæredibus dato, quæ Zutphanici & Transylulanici feudi natura est, Goris *tract. 2. cap. 2. num. 1 & 2. Landr. van Overyssel part. 1. tit. 25. art. 21.*

VII. Quibus inter descendentes repræsentatio non placuit, multo minus in lineâ transversali

versali eadem arridebit , ita supra allegatæ au-
thoritates & argumenta evincunt ; Declarant
hujus Provinciæ Ordines Edicto suo, quo repræsentatio in lineâ collaterali apud nos anno 1594.
demum introducta est , sese eam admissuros
quoad bona, *nota*, allodialia. Mechlinienses
licet repræsentationem inter liberos in feudis re-
ceperint, in lineâ transversali nihilominus eandem non habent, *Costuym. van Mechelen tit.*10.
*art.* 12. Wamesius *cent.*6. *consf.* 11. *num.* 1.
Generaliter in feudis Brabanticis nulla in obliqua
successione repræsentatio est, quamvis eo privilegio descendentes gaudeant, Stockmans *de jur.
devolut. cap.*7. *num.* 3. *&* 4. Unde sequitur,
quod soror ex gradus prærogativâ fratri defuncto ante nepotem succedat , Neostadius *de Feud.
cap.*5. *n.*47. *&* 48. Grotius *in Manud. libr.*2.*part.*
41. *num.*25.

VIII. Sicuti autem apud nos in feudis quoad
collaterales cessat repræsentatio , in allodialibus
vero est recepta ; ita è converso apud Saxones à
reliquis bonis exclusa in feudalibus locum habet,uti à Serenissimo Electore constitutum est,
*part.*3.*Constf* 29. ubi Mollerus *in not.* Hartmannus
Pistoris *libr.* 2. *quæst.* 23. Berlichius *part.* 3.
*concl.*40.

IX. Edictum de repræsentatione anno 1521.
Wormatiæ à se latum, Carolus Quintus in Co-
mitiis Spirensibus anno 1529. interpretatus est,
ut nepotes absque patruis in capita succedant,
Carpzovius, *part.*3.*Constit.*18. *def.*2.*&* 3. Eam
Con-

Constitutionem non tautum in allodialibus , de quibus loquitur , sed specialiter in feudis quoque obtinere tradunt Mynsingerus *cent. 3. observ.*94. Daffeltius *ad Consuet.Luneburg.art.*17. *num.*26. Vultejus *de Feud. libr.*1. *cap.*9. *nu.*111. Christinæus *vol.*4. *decif.*57. *nu.*4. Rosenthal *de Feud. cap.*7. *concl.*56. *nu.*9.

X. In nostratium feudis nulla agnationis præ cognatione prærogativa est ; Ita Consuetudines jussu Ducis Albani à Senatu Civico collectæ sonant, §. 65. Major natu ex fœminâ nepos reliquos, licet ex masculis descendentes in feudali successione prævertit ; Refert quidem Radelantius adductis in utramque partem testimoniis contrarium , secundum juris Longobardici regulas judicatum, *decis.* 31. Major nihilominus ratio suadet in probandâ consuetudine Magistratus authoritatem & fidem sequi, quam in testium incertitudine & conflictu in adversam inclinare opinionem ; Vicinorum Mores vulgatam secuti paræmiam etiam pro nepote ex filia, posthabito agnationis jure censuere , Neostadius *de Feud. cap.*5. *num.*10. Grotius *in Manud. libr.*2. *part.*41. *num.*18. Gudelinus *de Feud. part.* 3. *cap.* 3. *num.*14. Bortius *de Feud. part.*5. *maxim.*2. *num.*5. *& seqq.* ubi ita à Consuetudinum peritis responsum & à Curia decisum refert. Unam autem eandemque apud nos & Hollandos Juris Feudalitii cognitionem esse scripsit Neostadius *de Feud. in præfat.*

XI. Quomodo repræsentatio in feudis consideratì

ſiderari debeat in iis locis ubi jus devolutionis
obtinet,non una omnium ſententia eſt ; Nonnulli tempus interrupti faſo thalami , alii vero
horam mortis parentis, unde feudum proficiſci-
tur,ſpectandam voluére ; Pater pluribus relictis
liberis deceſſerat ; uxor ſuperſtes filios omnes
amiſit ; vivis deinde ad huc filiabus & ex primogenita maſculo , ipſa quoque fatalitatem exple-
vit; diſceptatio ſuper feudo materno inter nepotem & materteras incidit; Suprema apud Braban-
tos Clientelaris Curia nepotis cauſam potiorem
habuit , devolutionem ſcilicet eorum Moribus
non operari ſucceſſionem, ſed ſolummodo in ſpe
& ſub conditione hæreditatis conſervationém;
aviæ, non avunculis hîc nepotem ſuccedere ; in
feudis quidem apud eos repræſentationem inter
collaterales non obſervari; ſed quo minus nepos
ex primogenita materteris in aviæ hæreditate
præferatur , nihil impedimenti eſſe ; latius hoc
arreſtum ex jure patrio adornavit Petrus Stockmans *de jure devolut.cap.7.*

XII. In feudorum ſucceſſionibus de repræſentatione judicandum eſt non ſecundum Curiæ
dominantis leges , ſed rei ſitæ ſeu loci ſervientis
Mores; eadem manet feudi ſucceſſio, quæ antea
allodii fuit, ſi non aliud ſuadet pactorum conditio , Schraderus *de Feud. part.5. cap.2. nu.46.*
Gudelinus *de Feud. part.6.cap.5. num.3.* Zoeſius
*de Feud. cap.17. num.16.* Kinſchotus *de Licent.
teſtand. cap. 5. num. 1,* Rodenburch *de*
*jur.*

jur. quod erit. ex statut. divers. tit. 2. cap. 5.
num. 17.

---

# CAPUT XI.

## De Repræsentatione in Regiis succes-
## sionibus.

I.    *De nepote ex primogenito Regis.*
II.   *Quid si filiam tantum reliquerit.*
III.  *De Regiâ successione inter transversa-*
      *les.*
IV.   *De sexus diversitate.*
V.    *Quid si nepotes & neptes absque patruis soli*
      *existant.*
VI.   *De Repræsentatione per Carolum Quintum*
      *introductâ.*

I. Hatenus repræsentatio in Regiis successionibus locum habeat pertracta-
runt Tiraquellus *de Primogenit.*
quæst. 40. & 41. Molina *de Primo-*
gen. Hispan. libr. 3. cap. 6. Choppinus *de Do-*
man. Franc. libr. 2. tit. 12. Jacob. à Saà *de jur.*
primogen. Costa tract. *de patruo & nepote*
Hottomannus *illustr.* quæst. 3. Michael ab Aguirre *de regn. Portugall. success.* Castillo *controv. libr.*
3. cap. 19. num. 117. & seqq. Robles *de Repræsent.*
libr.

*libr.* 3. *cap. 16.* Potior pro repræsentatione seu nepotis causa opinio est, à plerisque recepta Nationibus; Ita in regno Hispaniæ, Galliæ. Angliæ observatum tradunt Saa *de primogenit. num.* 15. Ranchinus *de succeß. ab intest.* §. 10. *num* 11. Knipschilt *de fideicom. famil* cap. 9. *num.* 64. De Arragoniâ, Hungaria, Majoricarum Insulis testatur Valascus *de jur. emphyteut. quæst* 50 *num.* 12. De Regno Castellæ & Legionis Molina *de Primogen. d. cap. 6. num.* 3. De Electoratibus Imperii Knichen *ad Jus Saxonic. cap. 3.* Mollerus *libr.* 1. *semestr. cap.* 40. Varia ex historiis exempla referunt Tiraquellus, Choppinus, Hottomannus *d. l.* Alciatus *libr.* 8. *parerg. cap.* 15. Lipsius *in Monit. Politic. libr.* 2. *cap.* 4. Gudelinus *de Feud. part.* 3. *cap.* 4. *num.* 12. Zouchæus *de jur. Fecial. inter gent. part.* 2. *sect.* 3. *quæst.* 12. Ex propriis cujusque Gentis Constitutionibus & receptâ Consuetudine, non autem ex jure civili vel Romanorum legibus hæc decidenda sunt, uti observant Molina *de Majorat. tractat.* 2. *disput.* 626. *num.* 2. *circa fin.* Grotius *de jur bell & pac. libr.* 2. *cap.* 7. *nu.* 30. Fachinæus *libr.* 6. *controv.* 2. Besoldus *de Regiâ succes. libr.* 1. *dissertat.* 14.

II. Non tantum autem nepos, sed etiam neptis ubique ferè præ patruo succedit, nisi fœmina incapax censeatur, uti de Galliarum Regno ex Lege Salicâ constans opinio est; Repræsentationis quidem ex Justiniani constitutione hîc nulla datur operatio, utpote quæ in Regiis successioniceffionibus apud alias Gentes legem non facit, sed ex linealis fucceffionis formâ profluit , quæ in Regnis hodiè recepta mortuos pro vivis hæbet, donec linea defecerit , Grotius *de jur. bel* *& pac. d. cap.7. numer.22.* Befoldus *d. libr.* *differt.8. num.2. Peregrinus, Hottomannus, Rai* *chinus, Buxtorffius ibid: allegat.*

III. Defun&to patruo Rege ultimo inter col-laterales nepos quoque præcedit; Juris nondum delati legalis transmiffio hoc efficit , non repræ-fentatio , quæ propriè loquendo hîc nulla eft; Etiam ultra repræfentationis terminos in infini-tum Regia procedit fucceffio ; Nepotem tuen-tur Tiraquellus, Hottomannus , Grotius & DD. fupra allegati ; Patrui caufam difcurfu exoteri-co do&tiffimè egit Goldaftus ; quoniam veroet repræfentationis lege fecundum jus civile hæ controverfiæ definiri nequeunt , parum iifdem inhærebimus.

IV. De nepte ex fratre illud addendum eft, quod & ipfa patruo præferenda fit , cum foli lineæ prærogativa hæredem faciat ; In Regni Neapolitani & Ducatus Britanniæ fucceffione exempla profert Gudelinus *de Feud.part.3. cap.4.* *num.12. in fin.*

V. Ubi porro non nifi nepotes & neptes, vel etiam pronepotes abfque patruis foli exi-ftunt,quid circa lineam, fexum, ætatem vel de-fun&ti parentis perfonam fpe&tari debeat , per Hifpanos, Italos. Lufitanos fuper Regni Portu-galliæ fucceffione variè tra&tatum fuit , uti fpe-ciali

ciali de eâdem controverfiâ fcripto retulit Michaël ab Aguirre, Nonius, Sousa, aliique quos in Hifpanienfi defenfione noviffimè recenfuit Gonfales; diverfa refponfa collegit Zilettus *de ultimar. voluntat. cauf. conf.*138. *& feqq.* Idem tractant Rumelinus *ad Auream Bullam libr. 1. differtat.6. num. 17.* Knipfchilt *de Fideicom. familiar.cap.9.num.74.*Gudelinus *de Feud.part.3. cap.2.num.12.* Zouchæus *de jur. fecial.int.gent. part.2.fect.8.cap.23.*

VI. Antiquitus in harum Provinciarum Regimine non videtur habita linealis fucceffionis ratio,omni etiam repræfentatione feclusâ; Carolus Quintus celebratis in Belgio Ordinum Comitiis anno 1549. repræfentationem in Dominatrice familiâ demum introduxit, ut ex Ditiones & Provinciæ, quæ diverfimodè hactenus in fucceffionibus regerentur, omnes fub repræfentationis jure comprehenfæ unius imperio fecurius fubfifterent, ex Edicti verbis notans Stockmans *de jur.devolut.cap.21.num.8.* & Gonfales *in examin. veritat. tract.2. §. 4.* In matrimonii contractu inter Archiducem Auftriæ Albertum & Philippi Secundi filiam Elifabetham de repræfentatione quoad hafce Provincias fpecialiter cautum fuit, Hatæus *in Annalib. Brabant. ad annum 1598.* Grotius *in Annalib. Belg.libr.7.*

I                    CA-

---

# CAPUT XII.

## De Repræsentatione in emphyteusi, censu, jure patronatus.

I. *An repræsentatio locum habeat in emphyteusi.*

II. *An in bonis censualibus.*

III. *De emphyteusi per modum primogenii constitutâ.*

IV. *De pretii refusione.*

V. *De jure patronatus.*

I. AN repræsentatio in emphyteusi obtineat, variis distinctionibus latissimè tractant Caldas Pereira *de jur. emphyteut. libr. 2. quæst.* 17. Mantica *de tacit. & ambig. convent. libr. 22. tit.* 18. Castillo *controv. libr. 3. cap.* 19. *num.* 237. *& seqq.* Zans *de divis. bonor. libr. 1. cap. 6. num.* 47. *& seqq.* Gratianus *tom. 2. discept. forens. cap.* 347. Robles *de repræsent. libr. 3. cap.* 17. Ea apud nos Emphyteusios natura est, ut intra Civitatis terminos sita ad modum allodii in successione deferatur; uti apud Gallos quoque patruo & nepoti per repræsentationem fundus emphyteuticus una competit ex Senatus Lutetiani decreto,

Chop-

Choppinus *de privil. ruſtic. libr. 2. part. 1. cap. 2.*
*num. 5.* In agro vero Trajectenſi bona emphyteutica tam ecclesiastica quam ſecularia ex receptâ consuetudine jure feudorum , quæ ſub-
ingreſſionem ibidem reſpaunt, ad ſeniorem pertinent , *Conſuet. juſ Duc. Alban. Collect. art. 78.*
Radelant *deciſ. 31 nu. 2.* Rodenburch *de jur quod*
*oris. ex Statut. diverſit. tit. 2. cap. 2. num. 1.*

.II. In bonis censualibus ſimiliter inſtar feudi
ſucceditur , & ſeniori in gradu abſque repræſentatione cedunt, modo Dominum Curiamque
agnoſcant; quæ ſi defecerint, cum reliquis allodialibus in hæreditatis diviſione cenſualia con-
funduntur, *d. Conſuetud. §. 87. & 88.* Hæc quidem bona more magis , quam lege regi tradit
Sardius *de Feud. tractat. præliminar. cap. 1.*
*num. 10.*

III. Emphyteuſis Intra fines Civitatis ſita
abſque repræſentatione etiam feudorum naturam ſequitur, quoties inter contrahentes actum
uerit, ut major natuia eam ſuccedat, ita à Curiâ
judicatum fertur, 26. *Januarii* 1575. *In der ſaecke*
*van Lambert Roeloffz contra Gerrid Eeliſſz.*
Apud alios vero in emphyteuſi per modum primogenii ſeu majoratus conſtitutâ non patruus
nepoti , ſed uepos eidem per repræſentationem
referri ſolet, Covarruvias *practic. quæſt. cap. 38.*
*u. 13.* Molina *de primogen. libr. 3. cap. 7. nu. 12.* alter
Molina *de Majorat. tractat. 2. diſp. 627. num. 13.*

IV. Quoad bona emphyteutica, & cenſualia,
præ excluſo repræſentationis beneficio jure

feudi patruus solus capit, si pretio empta fuerint,
ejus facienda refusio est ad augendam hæreditatis massam ; Quod in primis descendentium
successionibus obtinet , prout dictæ Consuetudines sonant ; Secus in fraternâ seu collaterali
hæreditate, propter denegatam inter transversales collationem , uti in feudis quóque receptum est, Neostadius *de Feud. Holland. success. cap.*
5. *num.* 49. *&* 50. Grotius *in Mannd. libr.* 2.
*part.* 41. *num.* 20. Sandius *ad Consf. feudal. Gelr.*
*tract.* 1. *tit.* 3. *cap.* 1. §. 1. *num.* 35. Bortius *de Feud.*
*part.* 9. *art.* 1. *cap.* 2. Judicatum refert Josue Ami-
cangelus *quæst. feudal.* 16. *num.* 9.

V. In beneficii collatione nepos jure repræsentationis cum patruo admittitur , Robles *de*
*repræsentat. libr.* 3. *cap.* 19. *nu.* 74. *post ibid. allegat.*
Quamvis enim jus patronatus per se individuum
sit, quoad exercitium tamen præsentandi , ad
plures recte pertinet , Spino *de testament. gl.* 4.
*num.* 56. *& seqq.* Censuit Curia Parisiensis vo-
ces per stirpes , & non per capita colligendas
esse inter plures patroni ecclesiastici hæredes,
Mornacius *ad l.* 41. ff. *famil. ercisc.* Quod si jus
Majoratus fundator introduxerit, patruum à nepote per repræsentationem excludi docent Covarruvias, Molina, Spino *d. ll.* Contra quam apud
nos receptum est. Vocato tamen de languine
proximo liberi per transmissionem juris ad præ-
sentandum acquisiti succedunt. Avus collationem habuit ; eo defuncto jus suum filius primogenitus non exercuit propter casus defectum ;

Ne-

Nepos equidem tunc-patruo præferendus est,
ita Curia judicavit in causâ Zyliorum 26. Octobr.
1663. Jus præsentandi semel lineæ quæsitum
ad aliam non transit, nisi ea extinctâ, *Gudelinus
de Feud. part. 3. cap. 2. num. 12. in fin. Covarruvia
& Hottomannus ibid. allegat.*

---

# CAPUT XIII.

## De Repræsentatione in retractu genti-litio, tutelis, alimentis, reditu vitalitio.

I.    *An repræsentatio locum habeat in retractu gentilitio.*
II.    *Quid de tutelis dicendum sit.*
III.    *An obtineat in alendi onere.*
IV.    *De lucris nuptialibus.*
V.    *De iis quæ jure sanguinis deferuntur.*
VI.    *De reditu vitalitio.*
VII.    *De beneficio Inventarii.*

I. IN retractu Gentilitio, qui jure sanguinis proximioribus competit, locum habere repræsentationem tam
in lineâ collaterali, quam inter descendentes multis placuit, cum ad modum successionis ab intestato hoc jus soleat deferri. liberisque

rifque per gradus fubingreffionem eadem , quæ
parenti commoda obveniant , Schraderus *de*
*Feud. part. 1. cap. 7. num. 38. & feqq.* Gratianus
*difcept. Forenf. cap. 4:3. num 25. & feqq.* ita Bur-
digalenfium Confuetudines habent , *tit. de re-*
*tractu art. 6.* ubi Arnoldus Ferronus fæpius fic
decifum notat ; fequuntur Andium Mores, De-
Iommeau *ad Conf Andegav. art. 363.* Idem apud
Pictones receptum extat , Petrus Rath *ad Conf.*
*Pittav. art. 332.* Pro hâc opinione aliquóties
judicatum ferunt Berault & Godefroy *ad Conf.*
*Normann. artic. 476. & 477.* Alii vero contrarium docuére, ne fpeciale jus protimefios cum
repræfentationis privilegio concurrat , Tin-
quellus *de retract* §. 11. *gl. 9 num. 1. & feqq.* Forfterus *de fuccefs. ab inteft. libr. 4. cap. 22. num. 15.*
Reirking *de retract quaft. 2. nu. 66. & feqq.* Ita
apud Armoricos judicatum tradit Argentræus
*ad Confuet. Britann. art. 299. gl. 2. num. 4.* & à
Jenenfibus refponfum narrat Richter *de fuccefs.*
*ab inteftat. Sect. 1. verf. hoc jus autem.* Hoc fenfu
jus Burgundicum interpretati funt Boguet *ad*
*Confuet. Burgund tit. 13. §. 3. num. 5.* & Cri-
vellus *decif. 40. num. 19. & feqq.* uti etiam jus
Bavaricum explicat Joannes Balthafar *practic.*
*refol. part. 1. tit. 10. refol. 10. num. 4* Ita Léges
Regias Hifpaniæ accipit Blafius Robles *de re-*
*præfent. libr. 3. cap. 15.* Arvernorum Confuetudines, quæ generaliter in retractu repræfentationem concedunt, ad defcendentes reftringit Beffianus *ibidem cap. 23. art. 19. num. 3.* Præcipuè
hic

hic attendendum est, quid moribus cujusque populi receptum fuerit, cum materia retractus planè confuetudinaria & stricti juris sit, uti post Fabrum & Tiraquellum observat Sandius *libr. 3. tis 5. def. 1.* In hâc Dioecefi gentilitibus ille retractus non frequentatur, Rodenburch *de jur. quod erit. ex statut. diverfit. tit. 2. part. 1. cap. 5. num. 17.* Anton. Matthæus *de Auction. libr. 1. cap. 16. num. 41. in fin.*

II. Filium in tutelis patrem non repræfentare evincit textus *in l. 3. §. 7. ff. de Legitim. tutel.* Hanc legem à novissimâ Justiniani Constitutione inviolatam mansisse Antonius Faber opinatus est, *in disp. de patrui succeff. circa fin. in not.* Rectius contrarium scripsit Forsterus *de succeff. ab inteft. libr. 4. cap. 22. num. 9.* Robles *de repræfent. libr. 3. cap. 2.* Expressè nepotem cum patruo admittit Gajus *in l. 8. ff. de Legitim. tutel.* Sed à Compilatoribus interpolatam eam legem notat Wissembachius *in Triboniano ad d. l. 8.* Litem hanc Imperator Justinianus decidit in *Novel. 118. cap. 5.* Sancimus, inquit, unumquemque secundum gradum & ordinem, quo ad hæreditatem vocatur, aut solam aut cum aliis functionem tutelæ suscipere; Dummodo legitima qualitas & ætas in filio patrem repræfentante concurrant, *l. ult. C. de Legitim. tutel.*

III. Repræfentatio fratrem ejusque filios unam eandemque perfonam efficit; hinc nepotem alere patruum teneri, & è converfo latè probat Surdus *de aliment. tit. 1. quæft. 28.* Giurba *decif. noviff.* §. Ita in regno Castellæ, Siciliæ, Arragoniæ, Granatensi decisum refert post alios Larrea *decif.* 47. *num.* 13. & 14. Contrarium vero receptius est, quia nullibi id lege cautum extat, Garsias *de expens. cap.* 3. *num.* 35. Michalorius *de Fratrib. part.* 3. *cap.* 32. *num.* 15. plurimos DD. In hanc sententiam colligit Larrea d. *decif.* 47. *num.* 20. & 21. Idem Frisiorum Curia judicavit, Sandius *libr.* 2. *tit.* 8. *def.* 2. sequitur Groenewegen *ad l.* 4. *ff. ubi pupill. educ. deb.* A successione enim ad alimenta non procedit argumentatio, Molina *de primogen. Hispan libr.* 2. *cap.* 15. *num.* 67. *verf. sed quamvis.*

IV. Quæ lucra nuptialia propter secundas parentis nuptias ad liberos prioris thori spectant, in iis per repræsentationem cum thiis succedens nepos partem consequitur, etiamsi patris hæreditatem repudiaverit ; Quod si autem vivo genitore secundum avi matrimonium initum fuerit, requiritur ut patri hæres existat, Claudius Henrys *libr.* 4. *cap.* 6. *quæst.* 56. Non enim hoc casu in bonis avi, ad quæ suo jure nepos venit, hæc reperiuntur, sed in bonis filii ; cui etiam non hæredi ex nuptiarum reiteratione jus quæsitum fuit, uti immutata Zenoniana Lege Justinianus constituit, *Auth. ba res C. de Sec. Nupt. Novell.* 22. *cap.* 22. & 26.

V. In iis, quæ jure sanguinis deferuntur, cessare repræsentationem communior DD. opinio est, Castillo *part.* 2. *Controv. cap.* 26. Robles *de Represent. libr.* 1. *cap.* 9. Hujusmodi autem bona

ex

ex naturâ suâ vix agnoscimus ; quæ ab aliis ita in-
digitantur, hæreditaria apud nos audiunt.

VI. Titius ad vitam trium liberorum redi-
tum emit; an repræsentatio locum habebit ? respectu venditoris nulla subingressio est ; certa
corpora contractus designat , non nova complectitur ; quoad fructuum vel reditus perceptionem diversa ratio est; sola liberorum nomina
conventione expressa nullam ipsis proprietatem
aut accrescendi jus inde tribuunt ; reditus hic in
parentis hæreditate & bonis est, non minus, quam
si ad extraneorum vitam constitutus fuerit ; Nepotibus itaque per repræsentationem , ad ulti-
mum patruorum usque , etiam reditus pro suâ
portione quotannis competit , uti duplici Parla-
menti Divionensis arresto confirmat Bouvot *part.*
*3, verb. bail à rente quæst. 9.* alia collegit Charondas *libr. 7. cap. 38.*

VII. Nonnullis placuit inventarii beneficium
non prodesse , si quis alius simpliciter hæredem
se gesserit, modo in priori vel æquè proximo gradu sit cum eo , qui inventarii beneficium impe-
traverit ; Quæstionem hanc inter patruum &
nepotem, qui per se gradu remotior, repræsentationis vero jure æquè proximus defuncti existit,
tractat Nicolaus Valla *de rer. dub. tract. 20. nn. 20*
Apud nos cessat hæc dubitatio, ubi hæres sub in-
ventario ab aliis non secluditur , ex Ordinum
Edicto super hâc successionis formâ lato,
*3. Aprilis 1583.*

I 5 CA-

# CAPUT XIV.

## De Repræsentatione in Statutis.

I. Olim

I. Lim in Boreali Hollandiæ regione Repræfentatio nulla fuit, in Meridionali vero ejufdem Provinciæ parte in infinitum proceffit, Neoftadius *de Pact. antenupt. obferv. 2. in not.* Hodiè ind ftinctè non tantum fratrum filii fed & nepotes ibidem repræfentant ; Ita tamen ut ex Jure Azingico in gradu folummodo inæquali, ex Scabinico vero etiam in gradu æquali per ftirpes inter eos hæreditatis fiat partitio, *Politic. Ordin. art. 28. Placit. Succeff. artic. 11.* Apud Zelandos nullo gradu terminatur vicaria fucceffio, Neoftadius *d. loc.* Grotius *libr. 2. part. 28. nu. 3.* Reliqui Belgæ Fœderati ultra fratrum filios eam non extendunt ; de Gelris & Trajectinis fupra patuit ; Ex jure Romano ita Frifii obfervant ; Apud Transfylanos autem, Groninganos & Omlandos idem expreffé conftitutum eft, *Landr. van Overyffel part. 2. tit. 6. art. 8. Landr. der Oldamptoñ libr. 3. art. 84. & 88. Landr. van Hunfingo libr. 3. art. 58.*

II. Sunt qui ex vicinis legibus fupplendum tradidére, fi forfan fcriptâ confuetudine de Repræfentatione cautum non fuerit ; rectius Senatus Parifienfis eandem denegavit, ubi lege municipali non introducitur, arreftum pronunciante Briffonio, Annæus Robertus *Rer. judicat. libr. 3. cap. 15.* Montholon *arreft. 32.* Autumnus *in fa conference ad l. 2. C. de Suis & legitim. hæredib.* Guerinus *ad Confuet. Parif. §. 320.* Idem confirmatâ Scabinorum Mechlinienfium fententiâ

tentiâ Supremæ judicavit Curia , Chriſtinæus *ad*
*Leg. Mechlinienſ. tit.16.art.9.num.10.*

III. Quæ itaque Statutum non determinavit,
juri veteri repræſentationis excluſivo ſubjecta
manent ; ſi in immobilibus expreſſâ lege admittitur, ad mobilia non porrigitur ; aut ſi de allodi-
libus tantum hujuſmodi Edictum loquitur, ſeu-
dalia non complectitur , vel ſi alicubi in infinitum quoad collaterales in immobilibus avitis introducta ſit repræſentatio, ad mobilia & acquiſi-
ta non extenditur. Ita in Statutis procedit
generalis DD. regula, Repræſentationem ſcilicet
non dari, niſi in caſibus à lege expreſſis , Covarruvias, Molina, Cencerius, Caſtillo aliique , quos
ſequitur Robles *de Repræſentat. libr.* 1. *cap.*4.
*num.*25.

IV. Repræſentatio uno latere conjunctos
cum germanis non admittit ; eam ex Jure civili
Interpretationem Statutum recipit , Maſcardus
*de Statutor. interpret. concl.* 2. *num.*32. *&* ſeqq.
Véruntamen cum pleriſque excluſio per vinculi
duplicitatem diſplicuit , hæc ſubingreſſio indi-
ſtinctè fratrum filiis prodeſt , ut ſecundum re-
ceptam inter fratres bonorum diviſionem parentis loco debitam portionem conſequantur ; Ita
Hollandi & Tranſyſulani dimidiatâ manu con-
ſanguineos & uterinos cum aliis per repræſentationem admittunt duplici vinculo duplicem tri-
buentes portionem , *Politic. Ordinat. art.*23.
*Placit.Succeſſ.art.*4. *Landr. van Overyſſel part.*
2. *tit.*6. *art.*7. In Gelriâ & in hac Diœceſi abſ-

que

que bonorum aut vinculi distinctione nepotes
ex uno latere cum germanis, defuncti fratribus
hæreditatem dividunt, *Landr. van Veluwe cap.*
*31. artic. 4. Landr. van Zutphen tit. 17. art. 4.*
*Goris tract. 4. §. 13. num 4. in not.* Ubi vero
duplicitas vinculi ad exclusionem inservit, uno
latere conjuncti non nisi inter sese repræsentant,
uti apud Frisios, Groninganos & Omlandos obtinet, Sandius *libr. 4. tit. 8. def. 3. Landr. der Bey-*
*den Old-Ampten libr. 3. art. 84. & 85. Landr. van*
*Hunsingo libr. 3. art. 59. & 60.*

V. Denegatâ in descendentibus repræsentatione, si alibi avus bona habeat, corruit ipsius testamentum, nisi etiam nepotes titulo institutio-
nis fuerint honorati, ex Curiæ arresto lato 9.
*Septemb. 1589. in saecke van Dirck Quirijnsz*
*contra Cornelis Cornelisz.* Verius est hanc testa-
menti rescissionem ad bonorum universitatem
non pertinere; Hodiè ex rei sitæ diversitate diversa unius hominis patrimonia sunt; Statuti
autem realis naturam habet repræsentatio, quod
ex Charonda, Valla, Duret aliisque supra demon-
stratum est.

VI. Introductâ simpliciter inter collaterales
repræsentatione, non expresso per Statutum hæreditatis dividendæ modo, in stirpes cum patruis
erit successio, in capita vero si nepotes soli fuerint, uti monet Eguinarius Baro *ad tit. Inst. de*
*hæredit. quæ ab intest. defer.*

VII. Admissâ porro repræsentatione, si Statutum alicubi proximiores vocat, idem nepoti
cum

cum patruo jus competit, quia Lex & Consuetudo eosdem in gradu jam pares fecit , Ferronus
*ad Conf. Burdigalenf. tit. de Teftam art. 2.* Marta
*de Succeff. legal. part. 4. quæft. 1. art. 4. num. 40.*
*& feqq.* Mevius *ad Jus Lubecenf. part. 2. tit. 2.*
*art. 1. num. 8. & feqq.* Knipfchilt *de Fideicom.*
*Familiar. cap. 9. num. 28. & 29.* Mean *ad Jus Leo-*
*dienf obferv. 102. num. 3.*

VIII. Vocato primogenito repræfentationem,
ut plurimum , concedunt , quia nomen juris eft;
quod fecus ftatuunt , fi de Majore fiat mentio,
quandoquidem jam factum præfupponitur,
Alexander Raudenfis *de Analogis libr. 1. cap. 15.*
*num. 275.* Gabrielius *tit. de fucceff. ab inteft. concl.*
*3. nu. 18.* Major & primogenitus noftro idiomate in multis idem eft ; Ex circumftantiis pro
fubjectâ materiâ eliciendum reor , an præcipuè
annorum numerum Legislator fpectaverit; Major enim ætas repræfentari non poteft , poft plurimos Cenfalius *ad Peregrinum de Fideicomm.*
*art. 21. num. 3 verf. fecundo obfervo.*

IX. Ceffat repræfentatio, fi qualitas à Statuto requifita in alterutro deficiat ; vocato maf-
culo neptis loco patris non venit, cum fexus non
repræfentetur , Robles *de Repræfentat. libr. 1.*
*cap. 12.* Matre per Statutum exclusâ filius per
repræfentationem non admittitur , ne plus juris
fit in caufato , quam in influente potentiâ cauf.
uti DD. in hâc materiâ loqui folent , Larrea
*decif. 51. num. 31.* Molina, *Caftillo aliique ibid.*
*allegat.*

X. Quod

X. Quod si incapacitas non sit originaria
aut perpetua, sed ex accidenti obveniat, repræsentatio nihilominus obtinebit; Vitium aliunde
obortum vel extrinsecum per mortem evanescit, & ad casum habilitatis antea existentis causa
redit; personam gradumque patris nepos repræsentat, non fortuitas aut temporarias qualitates;
sufficit jus successionis spe & potentia defuncto
parenti competisse, Josephus à Sesse *decis.* 229.
*num.* 12.

XI. Repræsentatio universalem successionem præsupponit; In particulari ab intestato
nulla ejus in jure civili extant vestigia; Apud
plurimos quidem in Feudis & Primogeniis recepta est, sed expressa lege aut inveterato populi usu locum invenit; In hisce Regionibus Nepotes antea per patruos ab avita hæreditate ex-
clusi sunt, donec repræsentatio in universali demum successione admissa sit; sive itaque veteres harum Gentium Mores, sive Consuetudinum
ex jure civili interpretationem consideres, nusquam in particulari ex Statuto successione datur
repræsentatio; idem post Baldum & Valascum
probat Caldas Pereira *libr.* 1. *quæst. forens.* 19.
*num.* 13.

XII. Lege nostra municipali filius primogenitus quædam jure præcipui habet, sed in iis nepotem patruus excludit; ita usu receptum est;
ante introductam in linea descendenti subin-
cessionem hoc jus antiquitus obtinuit, neque-
quam innovatum est, uti ex Legibus Civici

patet

patet, *Rubr.23. art.24. & Rubr.24. art.1. & seqq.*
Saxones autem Nepoti ex primogenito avi gla-
dium jure praecipui tribuunt , excluso juniore
patruo, judicata refert Carpzovius *part.3. Constit.*
38 *def.36.*

XIII. Cum itaque filio primogenito tantum, seu seniori jus praecipui Statutum deferat,
consequens est nepotem removeri , etiamsi cum
amitis solis , quae uti foeminae hâc praerogativâ
gaudere nequeunt , per repraesentationem avo
succedat ; gradus istud simul & aetatis privilegium est ; in hoc Statuti beneficio , uti in
particulari successione , voce filii nepos non venit.

XIV. De Instrumentorum in haereditate re-
pertorum custodiâ idem statuendum est ; A
Senatu quidem Dolano & Leodiensi pro nepote judicatum fuit , ex eo quod nepos per repraе-
sentationem sit feudalis successor & familiae
caput , Grivellus *decis.146.* Mean *observ.378.*
Verum nobis minus convenit haec ratio , quibus nulla in feudis repraesentatio est , aut in particularibus nepotis praerogativa ; Jure Municipali , uti & Lege Romanâ hîc aetas praeva-
let , *Rubr.* 23. art. 19. *l. 6. ff. de fid. in-
strument.* Potior itaque mihi censetur Patrui
causa , quae Tiraquelli . Alciati, Fontanellae
quoque opinio est , quos refert Mean *d. ob-
serv.378.*

SE-

# SECTIO I.

I. *De divisione ex Statuto inter nepotes in gradu æquali ejusque ratione.*

II. *An vocatis proximioribus in gradu æquali per stirpes fiat divisio, ubi repraesentatio ex Statuto in infinitum procedit.*

III. *Patrueles cum fratrum nepotibus ex Statuto nostro concurrunt.*

IV. *Defuncti vero Patrum nepotes excludit.*

V. *Statuto exclusis fratribus uno latere conjunctis, an in gradu æquali inter germanorum filios per capita fiat partitio.*

VI. *Quid de eorum nepotibus dicendum sit.*

VII. *De rescissione repraesentationis præter Statutum formata.*

VIII. *Exclusa per Statutum in feudis repraesentatio quomodo testamento introducta judicetur.*

IX. *An vocatis in stirpes consanguineis repraesentatio ultra Statutum porrecta censeatur.*

K                    I. Re-

I. Repræsentatio apud Hollandos Australes in infinitum antiquitus extensa efficit, ut etiam hodie divisio in stirpes in gradu æquali obtineat; Cum enim postea ex Ordinum Decreto ad fratrum nepotes coarctata fuerit subingressio, nihilque aliud circa eam immutatum sit, remansit vetus dividendæ hæreditatis modus. Frequentius placuit inter æquales in stirpes divisio ubi graduum distinctione non terminatur repræsentatio; E converso apud Boreales, aliosque populos in gradu æquali per capita sit partitio; quia apud eos antea incognita repræsentatio non nisi Principum Edictis introducta locum cepit, quoties itaque subingressio, veluti inter æquales non desideratur, superest olim recepta per capita successio.

II. Sempronius fratrem testamento nominat, eo autem sine liberis decedente consanguineos sibi proximos hæredes instituit; plures ex diversis fratribus nepotes reliquit, an in capita successuri sunt, ubi in gradu æquali obtinet in stirpes divisio; Per repræsentationem equidem non succedunt, sed ex propriâ vocatione, licet appellativo nomine designati, ad hæreditatem veniunt; quibus itaque in casu intestati, non testamento præcipua hujus Consuetudinis vis est, in capita eos succedere statuunt, nisi diversa testatoris mens aliunde colligi queat, Mantica *de Conject. ultim. volunt. libr. 4. tit. II. nu. II.* Aliud tamen juris ratio suadet, nepotes hîc ex testamento non

per

per fe , fed tanquam gradu ab inteftato proximi admittuntur , unde cum de portionibus non difpofuit teftator, & de ipfius voluntate quæftio incidit, petenda interpretatio ex ftatuto eft, quod hæreditatem in ftirpes ercifci jubet.

III. Ex Statuto noftro inter collaterales gradus prærogativa hæredem facit, *Rubr.23.art.27.* Poftea in fratrum filiis conceffà repræfentatione Ordinum Edicto id immutatum eft , non ulterius ; Patrueles & fratrum nepotes quarto gradu utrique defunctum contingunt, *l. 1. §. 6. l. ult. §. 15. ff. de Gradib. & affin. §. 4 Inft.de Gradib.* Confequens itaque eft ut omnes abfque repræfentatione in capita fimul fuccedant; ita etiam decifum referunt Sandius *libr. 4. tit. 8. def.6.* Carpzovius *part. 3. Conft. 18. def. 19.*

IV. A fratrum filiis defuncti thios jure fubingreffionis apud nos excludi fuprà demonftravimus ; Eorum vero nepotibus thii fucceffionis viam præcludunt , cum uno gradu eofdem antevertant , exclufâ fcilicet repræfentatione , quæ tertio collateralium gradu expirat , *Auth. poft fratres C.de Legitim. hæredib. Novell.118. cap.3. Novell.127.* Barry *de Succeffion. libr.18. tit.3. num.6.* Carpzovius *d. Conft. 18. def 7.* Aliis autem vicariâ fucceffione ulterius prorogatâ contrarium placuit, *Politic. Holland. Ordinat. art. 24. Placit. Succeff. art. 8. & 9.*

V. Ubi fratrum germanorum filii fratres

ex uno latere conjunctos excludunt, si soli inter
sese aut in gradu æquali succedunt , in capita,
non in stirpes separatur hæreditas ; locum enim
hîc magis respicit repræsentatio quam portiones,
Ant. Matthæus *ad ff. disp. 40. th. 31. Landr. der
Old-ampten lib. 3. art. 85. Landr. van Hunsingo
libr. 3. art. 59. & 61.*

VI. Ad eorum autem nepotes hæc non pertinent ; Frater ex uno latere fratris germani nepotes in hujusmodi Statuto excludit ; uti & filius
fratris seu consanguinei seu uterini nepotem ex
fratre utrimque conjuncto ; Repræsentatio
enim & vinculi duplicitas fratrum filios quoad
exclusionem non egreditur, Forsterus *de Succeß.
ab intest. libr. 8. cap. 9. concl. 1.*

VII. Gajus testamento repræsentationem
præter Statutum introduxit ; eo è vivis sublato
reperitur in hæreditate cancellata & incisa ipsius dispositio ; judicavit Hollandiæ Senatus inter
Enchusanos , quibus ante Politicam Ordinatio-
nem incognita erat repræsentatio ; validè eam
introductam esse , neque solâ incisione rum-
pi nostratium testamenta , Neostadius *decis. 1.*

VIII. Repræsentatione in feudis Statuto se-
clusâ Titius cum uxore testamentum condidit;
feudalia filio relinquit, & in casum mortis ipsius
filiæ seniori tunc in vivis existenti, aut eâ moriente ipsius liberis ; Defunctis parentibus decedit
filius improlis ; Liberi ex natu majore filiâ
repræ-

repræfentando vi teftamenti fefe proximos arbitrantur ; præferri poftulat junior defuncti foror ; Refponfum fuit Materteram nepotibus an-
teponendam effe ; parentes non feniori fecundum
nativitatem fed fecundum exiftentiam tempore
mortis filii profpicere voluiffe ; feniori fcilicet
tunc in vivis , quo cafu junior fola exiftens jam
major & fenior evafit ; Quod de liberis filiarum
teftamento adjicitur , non aliter intelligendum
effe, quam filiabus omnibus fublatis, ut vulgatæ
in feudis parœmiæ & repræfentationis in iis receptæ excluſioni in dubio teftantes fefe confor-
maffe cenfeantur , latè caufam Batavi difcuf-
sére , *part. 4. conf.* 154. 155. 156. 157. 158.
& 159.

IX. Vocatis confanguineis tam paternis, quam
maternis in ftirpes, etiam ii fuccedunt, qui extra
repræfentationis terminos per Statutum funt
pofiti ; Stirps equidem ex pluribus diverfifque
gradibus conficitur & unum corpus reputatur
ex toto ifto genere , ideóque inter paulo proxi-
miorem & paulo remotiorem nulla differentia
eft, cum is paulo remotior unitatis ratione æque-
tur proximiori , uti differunt Menochius *libr.* 4.
*præfumpt.* 95. *n.* 35. Intrigliolus *de Subftit.* cent.
3. *quæft.* 87. *num.* 37. Quamvis ſi nepotes in
gradu æquali inter fefe foli exiftunt, hanc clau-
fulam non tam fucceffionis fubftantiam , quam
modum feu dividendæ hæreditatis formam
refpicere alii afferant , Robles *de Repræfentat.*

K 3                                    *libr.*

libr.3. cap. 8. num. 6. Fuſarius *de Subſtitut.*
*queſt.* 485. *num.*116. Quæ tamen ratio iis non
convenit , quibus in infinitum porrectâ repræſentatio etiam inter gradu æquales diviſionem
in ſtirpes operatur ; Noſtro Belgiciſmo in ſtirpes
vocatio repræſentationem introducit & extendit ; promiſcuè etiam in Edictis cum ſubingreſ-
ſione confunditur , *Pol.* *Ord.* *art.* 20. 24. *&*
28. *Placit. Succeſſ art.*10. *&* 11. *Placit. Ordin.*
*Traject. de Succeſſ. in bon. patr. circa med. Conſ.*
*Jctum Batav. part.* 4. *Conſ.* 408. In ſtirpes
quoque ſuccedere & repræſentare idem eſſe
ſtatuunt Cancerius *var. reſol. part.*1. *cap.*5. *n.*12.
*in fin.* Grivellus *deciſ.* 130. *nu.* 4. Vocatis
proximioribus conſanguineis & repræſentatione inter eos teſtamento introductâ , horum liberos , licet ab inteſtato per repræſentationem
venire non poſſent , tamen loco demortui parentis ad hæreditatem admiſit Supremus in
Hollandiâ Senatus, 11.*Decembr.*1664. Leeuwen
*in Juriſpr. Roman. Holland. libr.*3. *part.*8. *num.*15.
Idem poſt *Alexandrum , Pariſium , Menochium*
probat Petrus Zans *de diviſ. bonor. libr.*1. *cap.*6.
*num.*61.

INDEX

# INDEX
# RERUM

Quæ hoc tractatu continentur.

K 4          Cen-

# INDEX

## C.

## D.

*Edictum*

## E.

## F.

K 5 Gelri

# INDEX

## G.

## K.

## L.

## M.

## N.

# INDEX

*Regia*

## S.

# INDEX RERUM.

## F I N I S.

CPSIA information can be obtained at www.ICGtesting.com
Printed in the USA
BVOW03s1058260115

384965BV00016B/259/P